JN296512

「5ゲン主義」をベースにした

職場のコミュニケーションツール
PASPAS
(パスパス)

古畑友三 監修
冨澤祐子・中山賢一 著

日科技連

監修のことば

　ものづくりを取り巻く環境はますます厳しさを増しております．
　高度成長時代に築き上げた日本の製造業の地位も，今や中国をはじめ近隣諸国に追い上げられ，非常に苦しい状況です．とくに，中国は世界の工場と呼ばれ，国民のハングリー精神ともいうべきバイタリティが現場作業者や管理監督者の向上心に結びつき，ものづくり現場も目を見張るような進化を日々遂げております．
　それに比べて今の日本のものづくり現場は，マスコミが伝える報道内容を見ただけでも，あまりにもお粗末な状態です．品質に関するリコール問題やトラブル・苦情などは週に一度は目にするほどです．とくに自動車のリコール届出件数は，平成10年度93件，11年度132件，12年度176件，そして15年度には204件と増えてきております．
　このように環境が激変しているのに気づかないで，相変わらずマイペースで走ってはいないでしょうか．「マイペースで走る」とは，ものづくりの基本がまったく進化することなく，バブル時代の考え方から何も変わっていない状態を意味します．
　その原因は2つ考えられます．
　1つは，基本を軽視して物真似でお茶を濁してきたことです．ものづくりの基本である「現場・現物・現実・原理・原則」といった5ゲン主義思考があまりにも軽視されてきたのです．
　もう1つは，製造業を取り巻く環境変化のスピードに管理監督者の意識変化がついていけないことです．企業は問題を抱えて重病状態なのに，的確に問題を捉えて解決していくための，ものの考え方や問題解決法は陳腐化してしまっています．
　このような問題に対応するために，昨年夏『管理監督者のための人為ミス未然防止法A-KOMIK』という本を監修しました．この本は，今まで「避けられ

ない」と考えられてきた人為ミスに，未然防止という新しい視点で切り込んだもので，たくさんのみなさんに実践していただいているようです．

しかし一方で，A-KOMIK を実践するためには，スタッフや部下など関係者の幅広い協力を得なければなりませんが，「思うようにいかない」という悩みをたくさんお聞きしました．良い考え方や新しい考え方を世に提案しても，なかなか 1 人ではできないというところに大きな壁があることを実感しています．

そこで，A-KOMIK の「【O】教える」の部分を充実させて，「対話コミュニケーションの訓練法」についてまとめたものが本書です．

本書は，誰でも簡単に対話に取り組めるように，対話のやり方を PASPAS という 6 ステップにまとめ，「成功する対話の型」として提案しているところに特徴があります．この「型」を反復訓練することによって，自然に自分流の成功する対話パターンが体得されるというものです．

日本のものづくりを再生しようという大変なときに，現場を熟知した管理監督者のみなさんには，常に原点に立ち返って，人間の本質を突くこの本を一読し，自らの行動を見直す参考にされることをお勧めします．

2004 年 5 月吉日

生産経営研究所所長　古畑友三

はじめに

　職場のリーダーといわれる人たちの対話力が低下してきています．例えば，次のようなことがどこの職場でも日常的に起こっています．
- 部下の不満や言い分を聞かずに，自分の無理だけを押しつけるので反発を招きやすい．
- 面従腹背に気づかず，建前の上司と部下の関係しかつくれない．
- 自分の言葉がなく，上からの方針をオウム返しするだけなので，理解や納得が得られない．

　部下に自分の考えを聞かせる自信がないので，リーダーになることを拒否する人，世代の異なる若い部下を理解できないことを怖がったり，年上の部下にまったく歯が立たずに避けて通るなど，対話に自信のないリーダーたちがますます増えてきています．

　では，なぜこれほど対話に自信が持てなくなってきたのでしょうか．

　その理由として，まずは人の優越感を助長する，知識偏重主義があげられます．他人よりも知識量の多いことを重んずるあまり，行動力の劣った若者ばかりが育てられてきたのです．「話す・聞く」ことが苦手な世代が社会にどんどん出てきています．インターネットの普及も，相手の表情から感情を読み取る，相手の立場に立って考えるという，対話に必要な能力を衰えさせる原因をつくっているような気がします．

　このような結果，職場の問題解決が思うように進まなくなったり，会社の方針に対してみんながバラバラに動き出したりもします．

　とくに，私どもが2003年7月に出版した『管理監督者のための人為ミス未然防止法 A-KOMIK』を実践するためには，対話力が基礎スキルとして必要になります．これが備わっていないと，それぞれのステップで壁に阻まれて，成果に結びつきません．

　具体的には次のような結果になってしまいます．

A(あいまいさを見つける)	：職制やスタッフの協力を得られない
K(決めごとを決める)	：関係者の意識改革や標準化の活動が展開できない
O(教える)	：決めごとを納得させてヤル気にさせられない
M(守らせる)	：決めたことを守らないという人の本性を防備できない
I(異常を見つけ処置する)	：全員参加の異常の早期発見・早期処置活動を仕掛けられない
K(改善する)	：職制やスタッフの協力を得られない

　このような現状を打破するため，誰でも簡単に対話が上達できるようになる対話法を，「PASPAS（パスパス）」として提案します．対話が失敗する原因は，対話のプロセスの各段階で発生する人間の本性に対して無防備だからです．この本性に客観的に対処できれば，思ったより簡単に上手な対話ができるようになります．

　「対話の精神は商売と同じ」．この考えを実践するために，PASPASは次の6つのステップに従って対話を進めます．

　　　　ステップ1：**P**repare　　　　対話のきっかけをつくる
　　　　ステップ2：**A**ssimilate　　　相手の話を能動的に傾聴する
　　　　ステップ3：**S**ympathy　　　共感を得て同じ土俵に引き込む
　　　　ステップ4：**P**resentation　　指示・指摘・命令を受け入れてもらう
　　　　ステップ5：**A**sk　　　　　　相手の理解度を質問で確認していく
　　　　ステップ6：**S**upport　　　　自信を持たせるために励ます

　このPASPASという対話の型を何回でも反復して，「わかった」ではなく「できる」ということを身体が覚えるまで繰り返し訓練すると，不思議なことに自然と対話の型が身についてくるのです．やってみると実に簡単にできるように

なってびっくりします．

　本書は5つの章から構成されています．
　第1章では，上司と部下の対話を失敗させる25の事例から，対話の失敗メカニズムについて仮説を立ててみました．人間には8つの対話を妨げる本性があり，この本性と本性が真正面からぶつかり合うために，対話が失敗するという考え方です．
　第2章では，成功する対話法「PASPAS」の各ステップを解説し，相手の本性を受け止める防備策を行動指針としてまとめてあります．
　第3章では，PASPASの訓練法について，「対話モデル」を活用して，誰でも簡単に取り組めるようマニュアル化しました．
　第4章は，みなさんの参考にしてもらうため，私たちがこれまで実施してきた対話訓練で，受講生が比較的すんなり，うまくできた対話事例を解説してあります．
　最後の第5章は，対話のヒント集としました．第2章から第4章まで，自分の本性を抑えて相手のためにやる対話法を解説しましたが，実際に部下と対話を進めていると，いろいろな壁にぶつかるはずです．その壁を突破するためのヒントを紹介してあります．

　対話力の弱いリーダーのもとで働く部下たちは，「大切な人生を不完全燃焼しなければならないので悲劇だ」と思い続けてきました．たくさんの欠点のある人間そのものを丸ごと受け入れ，どんなに本性をぶつけても，「ああ，本能のままに行動して可愛いものだ」と思えるほど人間好きのリーダーのもとで働きたいと，誰でもが願っていると思います．そういうリーダーのもとでは，みんなが活き活きとしてチャレンジするので，ほとんど不可能などありません．そんなリーダーがどんどん育ってほしいものだ，というささやかな願いを込めて本書をまとめました．

最後になりましたが，本書を完成するに際し，多くのみなさまにたいへんお世話になりました．とくに，ケタ外れの対話力でたくさんの行動力あふれる人材を育て，彼らを自在に動かしてきた魅力あふれる経営者のみなさまには，PASPASの貴重なヒントをたくさんいただきました．

　そして，生産経営研究所の古畑友三先生にはお忙しい中，本書の監修をお願いし，貴重なアドバイスをいただきました．深く感謝申し上げます．

　また，日科技連出版社の小山薫社長，編集グループの戸羽節文部長には，出版に関していろいろと献身的にお世話をいただきました．この場をお借りして，深く感謝申し上げます．

　2004年5月吉日

社団法人　中部産業連盟

長野コンサルティング事業部長　中山賢一

同コンサルタント　冨澤祐子

目　　次

監修のことば …………………………………………………………… iii
はじめに ………………………………………………………………… v

第1章　対話を阻むカベ ………………………………………… 1
　1.1　対話力が弱くなっている　*2*
　1.2　うまくいかなかった対話事例　*3*
　1.3　なぜ対話が失敗するのか　*14*
　1.4　対話を阻む人間の8つの本性　*15*

第2章　誰でもできる対話法「PASPAS」 ………………… 25
　ステップ1：対話のきっかけをつくる【P】　*29*
　ステップ2：能動的に傾聴する　　　　　【A】　*32*
　ステップ3：共感を得る　　　　　　　　【S】　*36*
　ステップ4：考えを受け入れてもらう　　【P】　*39*
　ステップ5：相手の理解度を確認する　　【A】　*42*
　ステップ6：謝意と励まし　　　　　　　【S】　*46*

第3章　PASPAS訓練法 ………………………………………… 51
　3.1　訓練の考え方　*52*
　3.2　社内研修の運営ポイント　*53*
　3.3　PASPAS訓練の進め方　*59*
　【訓練1】　重要対話技法の訓練　*61*
　【訓練2】　対話モデルによるPASPASステップの習得　*66*
　【訓練3】　PASPASシートの作成　*74*
　【訓練4】　ロール・プレイング　*81*

【訓練5】　フィードバック　　85
　【訓練6】　反復訓練・実務移行　　88

第4章　対話の事例 …………………………………… 93
　【事例1】　役割と責任を果たさせる　　95
　【事例2】　自分の気持ちを言葉で表現させる　　99
　【事例3】　聞く耳を持たない相手に話を聞かせる　　104
　【事例4】　反発を和らげる　　108
　【事例5】　無理を聞かせる　　113
　【事例6】　自分勝手に気づかせる　　118
　【事例7】　ヤル気を引き出す　　123

第5章　対話のヒント集 ………………………………… 129
　【ヒント1】　対話は適した時間帯に仕掛ける　　130
　【ヒント2】　対話の姿勢に気を配る　　131
　【ヒント3】　相手のことを知る　　132
　【ヒント4】　沈黙を上手に乗り切る　　133
　【ヒント5】　考えさせる質問をする　　136
　【ヒント6】　「ものの本質」に迫る　　137
　【ヒント7】　比喩表現を使う　　139
　【ヒント8】　たとえ話を集める　　141
　【ヒント9】　反対意見を取り込む　　141
　【ヒント10】　表情を読む　　142
　【ヒント11】　限界を見極める　　143
　【ヒント12】　一歩踏み出させる　　144
　【ヒント13】　交換ノートを活用する　　145

第1章　対話を阻むカベ

1.1 対話力が弱くなっている

　対話力とは，対話によって相手の感情や考え方を変えたり，相手を自在に動かしたりするコミュニケーション能力のことです．日常生活の中で，あるいは仕事を通じて，人は誰もが相手の感情や考え方，動き方を自分の思うように変えたいという強い願望を持って存在しています．しかし，そのほとんどは思い通りにはいかず，自分の力不足を嘆き，相手を責め，そしてあきらめています．

　製造現場でよく見かけられる対話に，例えば，次のようなものがあります．「いいかげん頭にきちゃいますよ！　いつも同じヤツが同じトラブルを繰り返すんだ．これじゃどうにもなりませんよ．それに，ほかの連中ときたら見て見ぬふりで全然協力してくれないし…」と，突然部下が怒り出したとき，上司のあなたはとっさにどういう言葉を返してあげられるでしょうか．

　その言葉次第で部下はさらに怒りを爆発させるかもしれないし，キレて辞表をたたきつけるかもしれません．この瞬間での受け答えがたいへん重要なのですが，対話の最中には考えるゆとりなどなく，後でどんなに反省してみてもやり直しがききません．このように，私たちが何げなく繰り返している対話の中にも，相手の運命まで変えてしまうかもしれない場面が結構あります．

　匿名性の強いインターネット社会の到来で，どんどんと対話力が弱くなってきています．固有名詞のいらないインターネットの世界では，他人から対話のボールを投げられても，嫌ならボタン操作一つで消してしまい，好きなときだけ返事をすることが許されてしまいます．時間も場所も選ばず，相手と面倒な関わりを持たなくても済むし，たとえ相手を傷つけたとしても攻撃される心配もありません．

　それとともに，「公意識」もどんどん希薄化し，個人も集団も身内に固まる「私指向」が強まっています．私独りの世界には言葉など不要で，感情とイメージがあればそれで済みます．私以外の相手に自分の感情や意志やイメージを伝えようとするとき，初めて対話力が重要になるのです．生まれたときからイ

ンターネット時代の若者たちが，相手の気持ちを推し量ったり，人の痛みを感じる能力が低下しているのは，相手のことなど気にしない，その存在すらも否定してしまう「私指向」の強い社会に問題があります．

自然の摂理で，人間の機能は使わないとどんどん退化していきます．相手の立場に立って考えるとか，相手の表情から感情を読み取るという能力の衰えにより，対話力はますます弱くなってきています．

人は求めて求められる生き物で，その求めは必ず言葉を通して相手に伝えられ，さらにその反応も言葉を通してフィードバックされます．この人間同士の一対一の対話が，コミュニケーションの基本です．対話力という，人間として持つべき基本スキルが弱くなると，誤解，不満，反抗心，失望感，あきらめ，空虚さなど，さまざまなマイナス感情が生まれてしまいます．人間関係がむずかしいといわれる所以はここにあります．

このような背景をもとに，本書では「上司が部下に不満を抱かせず，ヤル気を削がないように説得する」にはどうしたらよいかを考えていきたいと思います．

1.2　うまくいかなかった対話事例

仕事の中で誰でも対話力が試されているわけですが，案外原理原則なしに自己流で反省することもなく，軽い気持ちでやり過ごしています．一般に説得を目的とする上司と部下との対話を，部下の側から捉えると，

　　　　聞く（傾聴）⇒ 理解する ⇒ 納得する ⇒ 行動する

というプロセスが考えられますが，この4つのプロセスがすべてうまくいかないと，なかなか対話の目的が達成されません．しかし，表1.1に示すさまざまな問題があるため，普通の人が普通の対話をして，これだけの難関を通過するのは至難の技です．

「部下がちっとも言うことを聞いてくれない」と多くの上司のみなさんが愚痴をこぼすのが聞こえてきます．それほど対話で部下を自分の意図する方向に

表 1.1　対話プロセスと問題点

対話プロセス	問　題　点
傾聴の段階	話し手に魅力がない 聞き手に心の準備がないため反発する
理解の段階	話の内容がむずかし過ぎる 話がわかりにくい わかったふりをしてごまかす
納得の段階	聞き手の心の中で葛藤が繰り返される ● 話の内容そのものの真偽 ● 話し手を信じてよいか ● 話し手の態度に好感が持てるか ● 自分の考え方と合うか ● この話を受け入れた場合の損得
行動の段階	聞き手の性格 聞き手の問題解決スキル

動かすのはむずかしく，その多くが目的未達で，不満をつのらせているのではないでしょうか．

筆者は二十数年間にわたるコンサルタント経験から，さまざまな上司と部下との対話の場面に立ち会ってきました．そして今，対話がうまくいかない原因は，多分に上司の側にある，という感想を持っております．

次に，筆者が体験したたくさんの対話事例の中から，代表的な 25 の失敗事例を 4 つのプロセスに従って紹介します．

(1)　「傾聴の段階」の失敗事例

■事例 1：きっかけがつかめない

部下を自然体で対話の土俵に誘い込めるかどうかが対話の成否を握っており，少しでも作為が見えると見破られてしまいます．上司と部下との対話では，部下の側は「何か仕事を押しつけられるんじゃないか」とか，「何か失敗

を叱られるのではないか」と身構えてしまいます．同時に，力関係から見ても弱い立場にある部下にとって，常に建前で良い子を演じなければならない緊張の時間を強いられるのはたいへんな苦痛でもあります．

したがって，対話の申し出があると必ず何かの理由をつくって逃げようとします．とくに上司と部下との間にジェネレーションギャップがある場合はできる限り部下に合わせて対話を仕掛けていかないと，長時間沈黙が続き対話が成立しません．

■事例2：話を聞くのは苦手

何気ないことでも人から褒められると，たとえそれがお世辞であっても自分のすべてを認めてもらったようでとても気分が良くなり，元気が出てくるものです．それほどに人は「自分の存在を認めてもらいたい，自分のことをわかって欲しい」という欲求が強いということです．

しかし，自分と考え方が違う場合，部下の話を本気で聞き続けることはたいへんな苦痛を伴います．人は誰でも自分の考えを大切に思うため，他人の話をすんなりと受け入れたくない気持ちが強いからです．そのため，自分から話をしたり，お説教している姿は活き活きしていますが，あまり興味の持てない相手の話を聞く姿は嫌々していることが多いものです．したがって，噛み合わない対話を長々と続けても，お互いが欲求不満をつのらせる結果となり，対話が失敗します．

■事例3：お説教をする

対話をやってみたけれども効果がなかったという話を聞きますが，これは2人で話をしたというだけで，実は一生懸命に「自分の心」を部下に注ぎ込んで

いるだけなのです．
　このような，「あなたの考え方は間違っているから話を聞け」，「あなたの知らないことを教えてあげる」という態度が見える対話をお説教と言います．このような対話が失敗するのは，自分の求めが優先して，部下のことなど少しも考えていないということが見抜かれているからです．

■事例4：自分は正しくあなたは間違っている
　どうにかして部下の力になってやりたいという気持ちがないので，部下が嫌だと思っていることや痛いところにも触れてきます．「何が」悪いかという発想よりも，「あなたが」悪いという発想になりやすいので，部下の不満や反感を買いやすいのです．全体の筋書きが，部下の力になろうというよりも，非難になりやすいので，嫌な気分を押しつけていく結果になります．こういう態度が見えるので部下が防衛してしまい対話が失敗します．

■事例5：プライドを傷つけてしまう
　上司は自分の価値基準をモノサシにして部下を評価してしまうところがあります．このため，茶髪や奇抜な化粧，流行りのファッションや趣味に給料のすべてをつぎ込むという，自分の価値観とは180度違う若者の価値観はなかなか理解できません．しかし，人は十人十色で，考えていることも，重要だと思うことも，好き嫌いも全部バラバラです．上司の考えがすべて正しいわけではなく，一方的な価値観の押しつけは，部下のプライドを傷つけるだけで対話が成立しません．

■事例6：他責にする
　準備して対話に臨んだにもかかわらずなかなか話が噛み合わなかったとき，「アイツはどうにもならないヤツだ」と嘆いてしまいますが，これは部下が悪いのではなく，話術や話題の勉強が足りず，部下を対話に引き込めない上司の方に問題があります．

人は誰でもみな相手が悪いと思いやすいもので，親は子供にいろいろと意見して，聞かないのは子供が悪いと言うし，子供は親に対して，「うちの親はわからず屋」だと言います．人は自分の立場やプライドを守るためにできない自分を認めないで相手の責任にして，自己弁護を図るところがあります．これでは対話が成功しません．

■事例7：苦手意識が出る

意識している，いないに関わらず，白紙の状態で部下と向き合うことはむずかしいことです．よほど肝に銘じても，過去に協力を断られたり，自分が相手から好印象を持たれていないことを感じると，つい避けて，無難な方に逃げたくなります．そのため，どうしても同じ人ばかりに仕事が偏りがちで，頼まれない人には「なぜあの人ばかり頼んで，私は頼まれないのだろう」という不満のもとになってしまいます．また，頼まれる人にも，「なぜ私だけこき使われるのか」という不満を持たれることもあります．

対話も同じことで，「嫌だなあ」と思っている部下と対話するときには，同じ感情が部下にも伝わるため失敗してしまいます．

■事例8：感性が鈍い

100円のネジが落ちていてもほとんどの人は拾いませんが，100円硬貨だとちゃんと拾います．これはネジの使い道を即座に想像できない感性の鈍さだと思います．人と対話をするときも同じで，自分が投げ掛けた一つひとつの言葉に対して，部下の表情や言葉の抑揚，さらにはちょっとした態度の変化を見抜く感性が鈍いので，表面的なことしか感じ取れないのです．

感性の鈍い人は，ものごとの本質や，人の感情，さまざまな変化などに対する感じ方が弱いので，話に面白味がなく，聞き手を疲れさせます．このように部下に飽きられるような対話しかできないので，うまくいくはずがありません．

(2) 「理解の段階」の失敗事例

■事例9：わかったふりをする

　自分では一生懸命に説明したつもりでも，話の内容そのものが部下にまったく理解されていない場合もあるので注意が必要です．また，理解力は一人ひとりたいへんな格差がありますが，無意識のうちに自分のレベルに合わせてしまいがちです．やっかいなのは，内容が理解できない場合でも，建前の間柄では自分の無知を，わざわざ上司にさらすことができず，「わからない」とは言えないことです．わかった顔をしてその場をやり過ごそうとするため対話は失敗します．

■事例10：言葉があいまい

とろけるように甘いって？

　言葉は，人間の感じたものや伝えたいものを1つの記号を借りて表現した結果に過ぎません．したがって，自分の伝えたいことをどのような言葉を使って発信するかは限りなく恣意的なため，そもそもわかりにくい部分が多いのです．さらに，抽象的であったり，発音が似ていたりすると異なった意味に伝わる確率が高くなってきます．このような視点から見ても，上司の伝えたい内容が正確に部下に理解されているとは限らないのです．部下も自分勝手に理解し，対話が失敗します．

■事例11：専門に偏る

　技術の分野など専門性の高い仕事をしている人は，相手のことをあまり考慮しないで，むずかしい専門用語をそのまま使って話をするところがあります．自分にとっては初歩的な用語なので，相手もわかるはずだと単純な発想をして

しまうからです．聞き手はチンプンカンプンなので，一度は質問してみますが，「そんなことがわからないの？」といった話し手の態度に萎縮して，二度と聞き返す勇気が持てなくなってしまいます．このように相手不在の対話が続くと，聞き手は次第に集中力を欠き聞き流すだけになってしまい，どんなに力説しても対話は失敗します．

■事例 12：「わかる」と「できる」の違いに気づかない

　本当にわかるということは，理解して行動につながることです．したがって，行動しないということは，ほとんど理解されていないということです．

　しかし，「わかったか」と聞いて「わかりません」と答える人は少なく，ぎゅうぎゅうと，しかもくどくどやっていると，もううるさくなって，わからなくても，納得していなくても「わかりました」と言う場合もあるので部下の理解度を知ることはむずかしいものです．とくに最近は，表面的には「はい」と素直に従いながら，内心は冷ややかな目で上司の指示を聞き流す傾向が顕著になってきているので，対話がうまくいきません．

■事例 13：目的を理解させていない

　対話をするとき，「これは，こうやってやりなさい」と手段を言い過ぎます．自分の言う通りにやればよい結果が出る，と思っての対話でしょうが，逆に遠回りになってしまうことに気づいていません．部下に考えさせて自分で判断する部分を求めていないので，ときには上司が想定もしないようなポカをやってしまうこともあります．「何のためにやるのか」，「なぜやらなければならないのか」といった目的を考えさせる働きかけが少な過ぎるので，部下の理解が深まっていきません．

　とくに最近の傾向として，目的を考えずただ指示されたことだけをやる，という「指示待ち」が増えているので，問題はさらに深刻です．目的を共有していない対話をいくら一生懸命にやっても，上司のねらった結果はついてきません．

(3) 「納得の段階」の失敗事例

■事例 14：失敗への警戒心が強い

　多くの人は，失敗すると恥ずかしい，失敗する自分はみじめだ，という感情を持っており，自分と異なった考えを納得できないまま押しつけられると反発や警戒心が働きます．つまり失敗することによって自分の優位な立場が脅かされるので，まず拒否から入るのです．

■事例 15：押しつけに反発する

　本能的に自分を優位に置いて，他人より優れているという意識があるので，他人から押しつけられたり強制された考え方を受け入れにくいところがあります．その場の力関係から納得した演技はしますが，本心では自分自身の考え方以外はあまり聞く耳を持っていません．つまり，180度異なる考え方を100％そのまま受け入れてもらうことは初めからできない相談で，自分の考え方に近いと思わせられない限り受け入れてもらうことはむずかしいのです．このため対話が失敗します．

■事例 16：求めの不均衡がある

　部下が納得しないのには必ずワケがあります．「この前，頼んだときには何もやってくれなかった」，つまり，貸しがあるのにそれも返してもらわないうちにまた自分の要求を押しつけてくるのは納得できないということです．上司が部下にあれもこれもとたくさん求め，部下に与えるものが少なければ，対話に応じてさえくれないでしょう．日頃から部下の求めを聞き，できるだけ求めに応えようという姿勢なしに，自分の求めを通すので対話が失敗します．

■事例17：本音の対話ができない
　自分を優位な立場に置いて建前で部下を説得しようとすると，部下は上司の本音を見透かして同じように建前で応じてきます．本音ではまったく納得していないのに，上司の建前に合わせて，「よくわかりました」と喜ばせてくれます．とくに，感受性の乏しい上司はそういう部下の本音が見抜けないので，部下の「わかりました」に騙されやすいのです．このように，上司の方から自分をさらけ出して本音をぶつけないので，どんなに対話を続けても，部下も本音を語らず対話は失敗します．

■事例18：職権を混同する
　毎日の繰り返しの中で普通に仕事をしていると，相手にも優越感があることをすっかり忘れて，本能的に「職務権限で命令調」の言葉が出てしまいます．優越感のある部下に向かって，「おい，これをやれ」と平気で命令するのは，その瞬間，「俺は上司だから部下より偉い」という職権意識を持ち込んでいる証拠です．このように，優越感という人の本性を無視すると，ことごとく失敗します．
　そんなこと言われても自分はこう思うとか，「はい，はい」と返事だけはするものの，それは納得したふりだけで，すぐに「やってみましたが，だめでした」と身が入っていない結果としての返事が返ってくるだけです．

■事例19：感情に訴えられない
　上司が困難なことに一生懸命に取り組んでいたり，部下の困っていることを助けたり，嫌だと思っていることを代わりにやったりすると，部下も「助けてやりたい」といった同情心に動かされるところがあります．また，対話の中で上司が自分の失敗や欠点を恥ずかしげもなく話すと，そこまで自分を信頼してくれているのかと思って，相手との距離をぐんと縮めようとします．
　上司が自分を全部さらけ出して，部下の心の琴線に触れるまで誠意を尽くす努力を面倒がるので対話が成功しないのです．

(4) 「行動の段階」の失敗事例

■事例20：率先垂範の覚悟ができていない

　自分は安全な場所に身を置いて，誰かがやってくれないか，誰にやらせようか，という姿勢が少しでもあると，対話を始めても上司の覚悟を部下に見透かされてしまいます．それで，「こうだからできない」，「ああだからできない」と，できない理由を次から次へと持ち出され，八方塞がりで手も足も出なくなってしまうのです．不思議なもので，「自分がやるしかない」と覚悟すると，自然に智恵も湧き，部下もついてくるようになります．部下にできないと言わせないように，部下の目の前でやってみせることができないので，対話が成功しないのです．

■事例21：自信が持てないと失敗する

　ヤル気とは，やる意志があることで，本人が「自分にはやれる」と自信を持ってやれば成功する確率は高くなりますが，「今度もまた失敗しそうだ」と思ってやると，不思議と失敗の道筋をたどってしまいます．自分でやれると思えばできるし，やれないと思うと絶対にできません．このように，人は成功経験のないことには自信が持てないので一生懸命になれないのです．したがって，上司がこれまでの部下の成功体験をうまく組み合わせて，部下がやれそうだと思う方向にリードしないと対話が成功しません．

■事例22：失敗しないと気づかない

　聞きっぱなしでわかったレベル，だいたい理屈がわかったというレベルですぐに行動に移そうと始めても，実際にはほとんど成功しません．それくらい実際にやるとできないことは多いのですが，「やったけれどできなかった」ということを体験するまで，その考え方は変わりません．
　話を聞いて自分のものにするためには，こうやってやれば行動に移せるというレベル，つまり，あいまいで自信のない部分が全部なくなるまでのやり取り

が必要になりますが，そこまでの深い対話ができないので失敗してしまいます．

■事例23：欠点修正にウエイトを置いてしまう
　相手の欠点をどうにかして直してやろうと，一生懸命に悪いところを話題にすることが結構あります．しかし，欠点は意識すればするほど萎縮して，そのわりに直らないものです．欠点や不得手なことを克服しても，努力の大きいわりに成功にはつながりにくいものです．したがって，欠点や短所を直そうとするよりも，長所をさらに伸ばすことにエネルギーを使う方が相手も受け入れてくれやすいものです．
　しかし，上司は気づかないうちに，「あなたはダメですね」という姿勢で接してしまうので対話が成功しません．

■事例24：「できている」と錯覚してしまう
　言葉にはある種のチカラがあって，みんなが納得いきそうな言葉を聞くと，それで満足してしまうところがあります．例えば「明るい職場」という言葉を聞くと，自分も明るい職場づくりに努力している「つもり」になってしまうのです．しかし，明るい職場という言葉を定義してみると，照明が明るい，5Sが行き届いてビジュアル化が進んでいる，色彩感覚がいい，モラールが高い，若い人が多いなど，解釈は各人バラバラです．問題なのは，解釈がバラバラなのに，誰もが明るい職場づくりに努力している気持ちになってしまうことです．
　このように，重要なキーワードに対して定義をし，評価のモノサシをつくる訓練ができていないので，みんなが「やっているつもり」になってしまいます．言葉が先に出てきて，実態があいまいなところに対話が成功しない理由があります．

■事例25：適性の有無を見極められない

何かをやってみて一度で成功することなどあまり考えられません．何回も失敗して，失敗の中から成功ノウハウを見つけ出して，最後に成功につなげるわけです．不得手であったり，粘りのない人にこのようなエネルギーのいる試行錯誤を求めるのは無理があります．部下の能力や適性を見極める眼力がないのに，常識的な説得で簡単にうまくいくと考えるから対話が失敗するのです．

1.3 なぜ対話が失敗するのか

前節で取り上げた「対話がうまくいかなかった25事例」の原因を，対話プロセスに沿って「上司の心情」，「部下の心情」，「失敗原因」に分けて分析してみたものが，表1.2です．

主な上司の心情としては，
- 上司は部下よりも偉い
- 部下が上司の指示命令を聞くのは当たり前
- 自分の言う通りにやらせたい
- 自分は正しく部下が間違っている

というように，「優越感」に根ざすものがほとんどです．これに対する部下の心情としては，上司と部下といっても，人間としては対等だと思うものの，自分の立場を守るために打算が働き，何となく従っているフリをしてやり過ごそうという，他人には伺い知れない複雑な計算が働いていることがわかります．

このように，職場における上司対部下の対話(説得)はある種の力関係が働くため，ほとんどの失敗事例は，上司が部下を力(職務権限)で押さえ込もうとしていることが読み取れます．これが，「対話が失敗するのは上司の側に問題がある」とした理由でもあります．

この25事例の分析から，上司対部下の対話が失敗する原因は，どうもお互いの心情の裏にある，人間の本性が「わるさ」をしているからではないかという仮説が考えられます．つまり，普段の対話では，この人間の本性に関してあ

まり意識しないので，お互いの人間としての本性がことごとくぶつかり合い，イライラした状態に置かれてしまうのではないでしょうか．分析結果から，対話を妨げる人間の本性の種類は，現時点では次の8つに分類できるのではないかと考えています．

① 求め・むさぼりが強い
② 優越感のかたまり
③ 自分の考えを大切にする
④ 好きなことは一生懸命やる
⑤ 惰性に流されやすい
⑥ 打算が強い
⑦ 言うほどやれない
⑧ 感情に動かされやすい

1.4　対話を阻む人間の8つの本性

(1)　求め・むさぼりが強い

　人はいつも必ず何かを求めています．求めて，求めを実現させて，また求めてという繰り返しが人生だからです．豊かになりたい，競争に勝ちたい，尊敬されたいなど，実にさまざまな求めを持っています．しかし，この「求め・むさぼる」という本性のままに対話をすると，「これをやって欲しい」，「言うことを聞いて欲しい」，「協力して欲しい」というように，自分の求めを優先した対話になってしまいます．
　相手に求めるということは，裏返すと相手からも求められているということです．したがって，まず相手の求めを受け止め，相手が求めていることを満た

表 1.2　失敗原因分析

対話プロセス		事例	上司の心情	部下の心情	失敗原因
傾聴	1	きっかけがつかめない	私の部下が私の指示を受け入れるのは当たり前	自分の仕事を後回しにして上司の話につき合うのは嫌だ	自分の求めにしか考えていない上司と、無理やり自分の考えを変えさせられるのは嫌だという部下の本性がぶつかり合うため
	2	話を聞くのは苦手	話をするのは気分がいい	自分にとって興味のない話を聞かされるのは苦痛だ	上司の優越感と部下の優越感がぶつかり合うため
	3	お説教をする	あなたのためにこういうアドバイスをしておける	あなたと私の考え方は違う	上司の優越感と自分の考えは大切にしたいという部下の本性がぶつかり合うため
	4	自分は正しくあなたは間違っている	私は正しくあなたが間違っている	私は間違っていない	上司の優越感と自分の考えを大切にしている部下の本性がぶつかり合うため
	5	プライドを傷つけてしまう	自分と違う価値観を変えてやろう	自分が大切にしている価値観を否定されたくない	上司と部下がお互いに自分の大切な考え方をぶつかり合わせるため
	6	他責にする	責任はあなたにある	自分に責任はない	お互いの優越感から自分たちの悪い感情同士がぶつかり合うため
	7	苦手意識が出る	きっと断られるだろう	この上司は私のことを嫌っているくせに	お互いに抱いている悪い感情同士がぶつかり合うため
	8	感性が鈍い	対話なんてこんなもんだ	退屈な話は早く終わらせて欲しい	形だけの対話をいくらやっても無意味だと思う部下の気持ちがぶつかり合うため
理解	9	わかったふりをする	こんなことがわからないのか	わからないと言えば馬鹿にされる	相手の知らないことをやってやろうとする上司の優越感と自分のことを理解できないという部下の優越感がぶつかり合うため
	10	言葉があいまい	正確に伝えたつもり	きっぱり理解できない部分がいくつもあるだろう	自分の言葉は完璧だという上司の優越感と自分の言葉を理解していないという部下の優越感がぶつかり合うため
	11	専門に偏る	自分の知っていることを相手かまわず教えたい	自分の理解不足を隠しておきたい	相手の知らないことを教えてやろうという上司の優越感と、自分には理解できないと言えない部下の優越感がぶつかり合うため
	12	「わかる」と「できる」の違いに気がつかない	理解しているようなので やってくれるだろう	納得しないが一応「はい」と返事をしておこう	普通に話せばやってくれるだろうという上司の常識（慢心）と、損得を計算してその場を取り繕う部下の打算がぶつかり合うため

理解	13	目的を理解させていない	自分の言う通りやればいい	言われないことはやらない	自分の指示命令通りに部下にやらせたいという上司と、言われたことだけをやっていればいいという部下の本性がぶつかり合うため
	14	失敗への警戒心が強い	自分の考えでやらせたい	自分の考えと違う内容でやって失敗したらやだ	自分の考えを押し通そうとする上司の本性と、失敗してプライドを傷つけたくないという本性がぶつかり合うため
	15	押しつけに反発する	自分の考えでやらせたい	他人の考えでやるのは嫌だ	上司と部下がお互いに自分の考えを通そうという本性がぶつかり合うため
納得	16	求めの不均衡がある	仕事だから部下に命令するのは当たり前	メリットのない要求は聞いても損だ	できるだけたくさんの要求を部下に聞かせたいという上司と、損得を計算して対応しようとする部下の本性がぶつかり合うため
	17	本音の対話ができない	本音は見せたくない	本音は見せたくない	お互いに優越感というチカラをかぶっているという役割を演じ合っているため
	18	職権を混同する	自分は部下よりも偉い	従っているフリをしないと損だ	上司の優越感と部下の打算がぶつかり合うため
	19	感情に訴えられない	自分の弱みは見せたくない	助けてやりたいという同情心が湧いてこない	上司の威厳を保ちたいという優越感と、強い者には反発するという部下の感情がぶつかり合うため
	20	率先垂範の覚悟ができていない	失敗が怖いので誰かにやらせたい	できないと言って逃げてしまう	失敗が怖くて誰かにやらせたいと思う上司の本性と、本気でやっても失敗したくないと思う部下の本性がぶつかり合うため
	21	自信が持てないと失敗する	任せたからやってみろ	自信がないから引き受けたくない	命令したことは何があってもやらせたいという上司の本性と、自信のないことはやって失敗したくないという部下の本性がぶつかり合うため
行動	22	失敗しないと気づかない	できると思った	やれると思った	理屈でわかればうまくいくだろうという上司の常識的な考え方と、頭で考えただけではできないと気づかない部下の本性がぶつかり合うため
	23	欠点修正にウェイトを置く	なんとか短所を直したい	触れられたくない部分を指摘しないでくれ	上司の優越感とマイナス面を指摘されて嫌な気分になる部下の感情がぶつかり合うため
	24	「できている」と錯覚してしまう	言葉で人を動かそう	言葉を聞いただけでやったつもりになってしまう	言葉で人を動かせると信じている上司と、言葉を聞いただけでやったつもりになってしまう部下の本性がぶつかり合うため
	25	適性の有無を見極められない	粘り強くやれば必ずうまくいく	それは私の苦手とすることです	誰にでも常識的な考え方が通用すると思い込む上司と、適性がないのに無理を強いられる部下の本性がぶつかり合うため

そうという心づかいをする，相手が喜ぶことをやる，ということがたくさんあればあるほど人間関係はうまくいきます．人間関係がうまくいかないのは，相手の求めよりも自分の求めが優先したり，求めと求めのバランスが崩れてしまうからです．

(2) 優越感のかたまり

人間が「自分を優先する」という優越感を持っている原点は，一番大切な自分を守りたいという生き物の本能からくるものです．したがって，「自分を守ろう」という意識が強く働き，他人より多少優れていると思うことで，安心感が得られるところがあります．なんとなく相手の弱点や悪いところが目につくのは，なんとなく自分を優位な立場に置きたい優越感があるからだといえます．

また，人の悪口を言ったり，人を批判したりするのも優越感からきています．人は，自分を客観的に評価することができないので，自分の能力を実際よりも高く見積もる傾向があります．相手よりも自分の方が優位だと思う前提があるから，「自分はやっているがあいつはやらない」，「改善案を出したのに採用しない上司が悪い」，「自分はきちんと説明したのにやらないのは部下が悪い」…と，必ず相手の方が悪いと言います．

このように，人には優越感という本性があるため，ある種の力関係が働く対話において，「対等な人間観」が成立しにくくなります．

(3) 自分の考えを大切にする

ウケるであろうと思っていた話が全然ウケなかったり，いま一つと思ったら案外ウケたなど，予想外の結果になることが多いと思います．これは，自分を基準にして，「こう言えばこう思うだろう」と勝手に決めているからです．人間関係において，どちらかの考えが絶対に正しいということはあり得ません．したがって，相手の意見も聞かずに，一方的に自分の意見を押しつけるお説教をすると嫌われるのです．

お説教には，「あなたの考えは間違っている」という前提があります．しかし，「盗人にも三分の理」ということわざもあるくらい，人にはそれぞれの言い分があり，誰しも自分の考えは正しいと思っています．そして，たとえ間違っていても自分の考えをとても大切にします．したがって，自分の考えと違う相手の考えを簡単に受け入れることができないのです．

自分の考えを大切にする人にとって，お説教で，「こうあるべき，こうすべき，理屈上こうだ」と，自分の考えを述べることは快感です．しかし，相手にとっては，その場の力関係で「わかりました」とねじ伏せられている状態で，到底納得などできないわけです．

(4) 好きなことは一生懸命やる

プロスポーツ選手に「なぜ，それだけの苦労ができるのか」と聞くと，「好きだから」という答えが返ってきます．一方，サラリーマンに仕事について聞くと，「安い給料で，残業，残業でこき使われて…」と，次第に怒り出します．同じように「仕事」について語っていても，片方は楽しいのに，一方は怒り出すという違いがあります．

しかし，会社の仕事は嫌いだが，スポーツなら好きになれるという考え方は間違っています．人は，「なぜやるのか」という目的が理解できた場合，どうして自分がやらなければならないのかを納得した場合，なぜやるのかというこ

とが自分の意志と合致した場合に「好き」になるわけで，自分の仕事に面白さを感じるまでやり抜いていないだけと言えます．

　人は夢中になれることでないとヤル気が出てこないという本性を抱えています．自分の好きなことには身が入り，誰でも好きなことは喜んでやります．そして，何事も自分の意志で行動した場合が最も良い結果が出ます．ヤル気に導かれた行動は，少々無理なことでも，たとえ困難なことでも最後までがんばれるからです．

(5) 惰性に流されやすい

　人は，明るさを感じると起き，空腹を感じれば食べるというように，目や耳，手や肌の感触といった五感情報によって行動します．朝起きて，「なぜ顔を洗うのか？」，「なぜ歯を磨くのか？」と目的を考えることもなく，何も考えずに，ただ惰性で毎日，毎日，洗顔や歯磨きを繰り返しています．このように，惰性で動くのは人間の本能によるものです．

　出勤して，昨日の続きの仕事を無意識でこなし，昼食を食べて，時間になったら帰宅するという生活を繰り返していると，職場のちょっとした変化も気に留めることなく，「そういうものだ」という感覚で終わってしまいます．何となく人と会って，何となく人と話をしてというように，惰性で動くことに慣れてしまうのです．惰性的に動いた方が楽だから，面倒なことは避けた方が楽だから，いつしか楽な方に流され，環境に慣らされて，いろいろな意識を持たずに惰性的に生活をしてしまいます．

　よほど自分で自分を律しないと人は目的思考，問題意識の弱い，考えない生活をしがちで，現状を変えることには抵抗感が強いものです．

(6) 打算が強い

　『サラリーマン川柳』に，「さからわず，いつも笑顔で従わず」という句があ

ります．この川柳は人間の「面従腹背」という本性を，見事に五七五に読み込んでいます．人間は仮面をかぶって大切な自分を守りながら，その場の力関係を見抜いて建前で生きています．よほどのことがない限り仮面は脱ぎません．

とくに力関係が働く対話では，人が話の内容を聞いて，まずするのは損得計算です．この人に評価されることはこれからの自分にとってメリットが大きいとか，たいへんお世話になっているからこのくらいは尽くしてもいいだろうとか，今これをやらないと自分の評価が下がってしまうなど，要望を受け入れることによってどんなメリット・デメリットが自分にあるかどうかをチャッカリ計算しています．部下の「できない」という言葉の裏には，このような複雑なシミュレーションがあるわけです．

しかし，頭の中で繰り広げられるこの損得計算のプロセスは絶対に他人には見せないものです．しかも上司と部下というように，組織において上下関係がある場合，できるだけデメリットにならないようにという智恵が働き，納得しなくても説得されたふりをしてごまかします．

(7) 言うほどやれない

他人の知らないことを知っているということは優越感につながるので，人間の知的欲求には際限がありません．しかし，むずかしい話が理解できることと，実際にやることとの間にはものすごい隔たりがあります．知識があるということは，意味がわかった，理屈がわかったということに過ぎないからです．人の話を聞いて，一生懸命メモして，わかったような気がしても，実際にやるとできないというのが人間です．

改善提案制度を導入している会社でよく見られますが，アイデアマンと呼ば

れるような人は，どんどん表彰されて相当な賞金をもらうことがあります．すると必ず，「あいつの職場は発明や発見の出やすいところだから」と言い出す人が出てきます．実際に「職場を変えてやるぞ」と言うととたんに尻込みするくせに，頭の中では，自分もあの職場にさえいればできそうだと自惚れてしまうのです．

これほどに，「わかる」と「できる」との違いは大きく，現実にやるとほとんどできないのですが，実際に「できなかった」ことを体験するまでこの違いには気づかないという悲劇があります．つまり，頭の中では常に「できる」わけで，失敗するはずがないのです．

(8) 感情に動かされやすい

人は感情に大きく左右される生き物です．したがって，一度こじれてしまった感情を元に戻すことは至難の技です．上司と部下の関係だと，一応合わせたフリはしてくれますが，「無理なこと」はほとんど聞いてくれません．それどころか，「失敗すればいいのに」とさえ思います．気持ちは顔や動作に現れます．相手を嫌いだと思えば必ず顔や態度に現れ，それが相手にも伝わります．反対にこちらが好意を持てば相手も好意的に受け止めてくれます．人間関係は，いわば「合わせ鏡」なのです．

「弱きを助け，強きを挫く」というのがヒーローものの鉄則ですが，人間は困っている人を見ると本能的に手を差し伸べたい気持ちに駆られます．自分ができることならば，やってあげよう，助けてあげようという気持ちになるものです．しかし，強気の発言や，居丈高に命令されると，無条件で，反射神経で抵抗したくなります．このように人間である限り，感情の揺れに行動が大きく左右されてしまいます．

先の25事例の失敗原因を例にとって，この8つの本性がどのようにぶつかり合うのかを示したものが，図1.1です．

上　司		対話の状態	部　下	
求め・むさぼりが強い	①		①	求め・むさぼりが強い
優越感のかたまり	②		②	優越感のかたまり
自分の考えを大切にする	③		③	自分の考えを大切にする
好きなことは一生懸命やる	④		④	好きなことは一生懸命やる
惰性に流されやすい	⑤		⑤	惰性に流されやすい
打算が強い	⑥		⑥	打算が強い
言うほどやれない	⑦		⑦	言うほどやれない
感情に動かされやすい	⑧		⑧	感情に動かされやすい

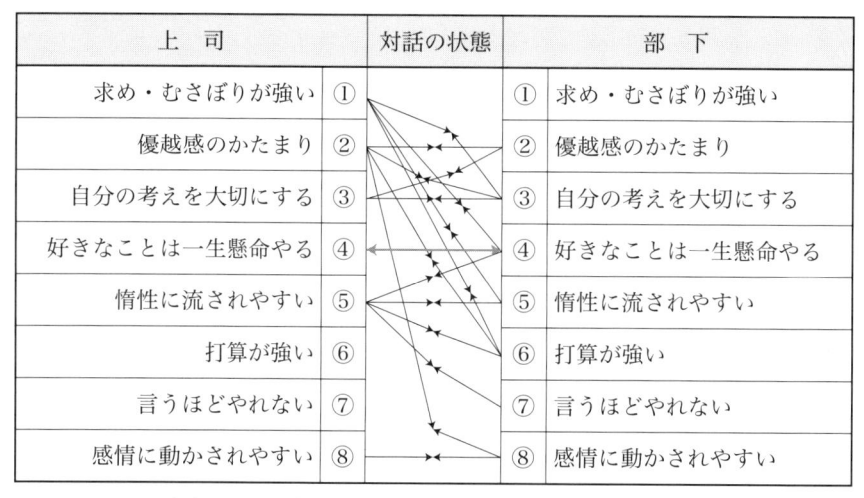

図 1.1　人間の 8 つの本性のぶつかり合いモデル図

　この関係図からもわかるように，対話が成功するのは，唯一④←→④の場合だけです．つまり，お互いに「好きなこと」が一緒になった場合には，その本性を相手にぶつけても，本性が引き合うためうまくいきますが，その他の場合（例えば，②→←②の場合など）は，すべて互いの本性がぶつかり合うため対話は失敗します．

　このため，対話をしかける側（多くの場合は上司）は常に己の本性を意識し，相手の本性を感じて，相手の気持ちを受け止める度量が必要になります．つまり，人間としての魅力に溢れ，誰からも信頼される人格者に近づくための不断の努力が求められているのです．

第2章　誰でもできる対話法「PASPAS」

26　第2章　誰でもできる対話法「PASPAS」

　人間には対話を妨げる8つの本性があり，お互いの本性が対話プロセスでぶつかり合うために対話が失敗するということを，筆者の体験をもとに第1章で解説しました．しかし，人間の本性は，直したり，変えたりできるものではなく，強い意志の力によって抑えることくらいしかできません．そのためには，相手を研究し，どんなときに，どんな本性が出やすいかをあらかじめ想定して，その本性に対処すべき方法を用意することが必要になります．
　このような複雑な対話の世界を6ステップにまとめ，成功する対話の型と

ステップと防備策 \ 相手の本性	求め・むさぼりが強い	優越感のかたまり	自分の考えを大切にする	好きなことは一生懸命やる
P	①相手を十分に研究する ②五感をフルに働かせる	③相手を主人公にする	－	④話のタネをたくさん用意する
A	①困っていることを聞き出す	②相手の本性を受け止める覚悟をする ③自分の意見を言わない	④相手の反応を見て話を進める	⑤良いところを見つけて褒める ⑥相手の特性を見抜く
S	－	①相手に合わせて話す ②自分の欠点をさらけ出す	－	－
P	－	－	①自分で決めさせる	－
A	－	－	①成果イメージのベクトルを合わせる	－
S	－	①自分は期待されていることに気づかせる ②上手にサポートする	－	③能力を最大限に引き出す

－：作用の程度が低い

図2.1　人間の8つの本性とPASPAS

して確立した対話法が「PASPAS（パスパス）」です．

PASPASとは，それぞれのステップの頭文字からとった造語です．

ステップ1：**P**repare 　　　【準備】－対話のきっかけをつくる
ステップ2：**A**ssimilate 　　【同化】－能動的に傾聴する
ステップ3：**S**ympathy 　　【共感】－共感を得る
ステップ4：**P**resentation【提案】－考えを受け入れてもらう
ステップ5：**A**sk 　　　　　【質問】－相手の理解度を確認する

惰性に流されやすい	打算が強い	言うほどやれない	感情に動かされやすい
－	－	－	⑤日頃の行動に気を配る
－	－	－	⑦表情で相手の気持ちを読む
－	③相手の喜ぶことをやる	－	④自分では気づかない能力に気づかせる ⑤誠心誠意やり抜く
②具体的に言う	③妥協も考えておく	④ゴールイメージを持たせる ⑤最初から責任を押しつけない	－
②相手の立場や状況を思いやる		③知識を智恵に転化する手助けをする ④具体的な設計図を描く手助けをする ⑤自分で自分の間違いに気づかせる	⑥理解度は表情で判断する
－	－	－	④「やれる」という気持ちにさせる

の各ステップにおける防備策

ステップ6：Support　　【励まし】－謝意と励まし

　PASPAS の 6 つのステップで対話を展開することで，相手の本性を受け止めていきます．

　図 2.1 に示すように，PASPAS の 6 ステップは，ステップそのものが相手の本性を受け止める仕掛けになっています．そして，人間の 8 つの本性への防備策は，そのまま対話を仕掛ける側の行動指針になります．図に強調して示した通り，人間の 8 つの本性の中ではとくに「優越感のかたまり」に対する備えが重要であり，また自らの「求め」を持ち出すステップ 4「Presentation【提案】－考えを受け入れてもらう」のタイミングが対話の結果を左右します．

　PASPAS は，「対話は商売」という考え方に依拠しています．「あなたの困っていることを何でも相談してください」，「私にできることをやらせてください」というように，あくまでも相手の求めに応えることが先で，その結果として，「私にあなたの力をちょっと貸していただく」ことを基本思想に型を設計してあります．本性のままに自由奔放に応じてくる相手に対して，自分の本性を抑え，相手に合わせていく忍耐ゲームなのです．この理解と覚悟が必要になります．

　PASPAS は，力関係で相手をねじ伏せるという今までのやり方を否定し，求めと求めのバランスをとるという，まったく新しい対話法，対話の型です．

　では次に，PASPAS の 6 つのステップと，各ステップにおけるポイントについて解説します．

ステップ1　Prepare【準備】－対話のきっかけをつくる

　相手が警戒心や自己防衛を働かせないで，違和感なく対話に臨んでもらうようにするためのきっかけをつくるステップです．

　この前提として大切なことは，掃除担当のパートさんも，工場長も社長も役割が違うだけで，人間としては「すべて対等」という人間観を持つことです．個人として見れば千差万別なので，相手の「性格，生き方，好き嫌い，趣味」など，属人的なことに対して評価してはいけません．このような人生観が確立していないと，相手に見抜かれて対話のきっかけがつかめなくなります．できればそういう属人的なことに対して共鳴できる人間的な「大きさ」，「やさしさ」とか，相手に好かれる「受容性」など，強く意識して自分も自然体で対話に臨む覚悟が必要です．

　PASPASのステップ1「Prepare【準備】－対話のきっかけをつくる」のポイントを，次に示します．

ポイント1　相手を十分に研究する

　対話の目的は「相手の感情，考え方，行動などを自分の意図する方向に変える」ことなので，対話に入る前に，相手の仕事ぶり，人間関係，性格（長所も短所も），趣味や生活環境など，できるだけ情報を得て研究しておかないと，いざとなって対話の「端緒」が開きにくくなります．そのためにはまず相手の日常の行動に気を配り，たくさんの情報を得るように心がけます．

　これから対話をしようという相手に対する関心度が低くては，相手が乗ってくるような話はできません．目的思考が弱く惰性に流されやすい普通の人が，自分以外の人に興味を持つためには，相手を注意深く観察し，「なぜ，そういう発言をしたり，行動をとったのか」を考える訓練を積むしかありません．

ポイント2　五感をフルに働かせる

「おんだ(背負った)子に教えられ」ということわざがありますが，これは背中におぶっている子供が言っていることを聞いて，はっと気づくこともあるということです．どんなところにでも，それこそ何気ない愚痴や日常会話の中にも，考えて価値を見出せば有効に使える情報があるものです．目で見る，耳で聞く，口で味をみる，鼻で匂いをかぐ，手で触る，肌で感じるという人間の五感を総動員して，日常のちょっとした出来事にも関心を持つ訓練が必要です．

しかし，情報に対する感性は人によって実にさまざまであり，価値観のばらつきが非常に大きく，せっかく情報を得ても生かしきれない場合もあります．このため，入って来た情報は，捨てる情報と利用する情報に即座に層別し，利用する情報は考えて，考えて，考え抜き，それこそ利用できるまで考える訓練が欠かせません．

ポイント3　相手を主人公にする

相手はまず自分の一番得意なこと，例えばワールドカップを見に行って来たとか，最近手に入れた車を自慢したいとか，一昨日の改善発表大会で社長から褒められたとか，自分がとくに優位に立つことを話題にされると抵抗なく受け入れるものです．

人は本能で，自分の立場が良くなる，自分のやったことが褒められて良い評価を得るというように，自分が優位に立つとうれしいと感じるので，いつも相手が本能的にどういうことを考えているかを考えて対話に臨む必要があります．

ポイント4　話のタネをたくさん用意する

すべて出たとこ勝負ではなく，説得させたいテーマについてはキチンと理屈を話せるようにしておくとか，相手が興味を引きそうな「たとえ話」をたくさん準備しておくなど，事前準備を十分にやってから対話に入ります．相手が自然に対話に引き込まれるようなきっかけづくりには用意周到さが求められま

す．

　例えば，いつも始業ギリギリでないと出社しない部下との対話では，「君が幹事のスキー旅行で，1人だけ時間ギリギリに来たら，幹事の君はどういう気持ちかなあ」とか，「工場の朝のかかり10分は，デパートの包装紙のようなものだよ．君はデパートで彼女へのプレゼントを買ったとき，包装紙はいらないと断りますか」など，相手から言い分を引き出すために，相手の身近な事例にたとえて，話のタネを用意しておかないと，対話がとぎれてしまいます．

ポイント5　日頃の行動に気を配る

　いざ対話をしようというとき，相手が警戒心や自己防衛を働かせないように，日頃の行動にも気を配っておくことが大切です．あれも，これもと部下に押しつけ，いざ対話というときだけ小細工をしかけてみても，「また何か押しつけようとしている」という本心を見抜かれて，なかなかその土俵に乗せることができません．

　日頃，部下の指導育成を放ったらかしたり，約束ごとをすっぽかしたり，部下への不満を公言するなど信頼の絆が切れていては対話はできません．こうならないために日頃から「君の役に立ちたい」という気持ちで部下と接しておくことがとても重要です．

ステップ2　Assimilate【同化】－能動的に傾聴する

　このステップでは，今，このとき，相手がどんな考え方を持ち，どんな気持ちでいるか，できるだけたくさんの言葉を引き出します．したがって，自分の考え方と違おうが，どんなに常識と離れていようが，相手の話にトコトン耳を傾けます．自分の意見を言ったり，相手の話をさえぎってはいけません．

　【同化】とは，相手の世界にこちらから飛び込んでいく，つまり，「あなたのことを何でも知りたい」，「あなたの困っていることを教えて欲しい」，「あなたのことを褒めてあげたい」という気持ちで，いま現在の相手そのものを全部受け入れるステップです．どんな話題が出ても，お説教や詰問はしないことを戒め，相手が十分に話を聞いてもらったと満足感を得るまで聞き役に徹します．

　PASPASのステップ2「Assimilate【同化】－能動的に傾聴する」のポイントを，次に示します．

ポイント1　困っていることを聞き出す

　部下が上司の言うことを聞いてくれないのには，必ず理由があります．それは「私が困っている時には助けてくれないのに，要求だけは押しつけてくる」，というものです．部下は毎日の仕事の中で，「仲間が意地悪する」，「先輩が仕事を教えてくれない」，「冷房が壊れたのにちっとも修理してくれない」，「機械の調子が悪くてイライラする」，「もっと具合のいい治具が欲しい」，「自分の方が頑張っているのに，Aさんの方が給料が高い」など，困った問題や誤解，不平不満をためています．これを上手に聞き出すことが必要です．こういうガス抜きなくしてはうまくいきません．

ポイント2　相手の本性を受け止める覚悟をする

　対話を仕掛ける側は目的があって対話に臨みますが，相手は基本的に「面倒なこと」と考えています．お説教に付き合ってやっているという感じです．したがって，対話を妨げる人間の8つの本性を全部対話にぶつけてきます．

そこでまず，たとえ部下が調子に乗って，どんなに非難を浴びせてきても絶対に根に持たず，腹を立てないで聞く覚悟をすることが大切です．また，対話の中で触れられたさまざまなトラブル情報なども，「絶対に他言しない」ことが求められ，こういう覚悟がしっかりできないままに対話に入ると，上司への信頼感が失われて逆効果になってしまいます．

ポイント3　自分の意見を言わない

話の聞き方は能動的傾聴です．能動的に聞くとは，相手が言ったこと，感じていることについて，自分が理解した内容を相手にオウム返しすることで，聞き手は自分自身の意見を述べたり，忠告を与えたり，相手の考え方を直そうとしないことを言います．

やり方は，相手の表現した感情とその背景を理解して，自分の言葉にそれを置き換えて相手に返してやります．能動的に聞くことで，相手が防衛的になることを防ぎ，興奮を鎮め，さらには閉ざした口を開かせ，その気持ちを率直に表現させ，感情の交流をスムーズにさせてくれます．「こういうことがあったので，こういう気持ちになったのですね」とか，「そんな気持ちになっているのは，こういうことがあったからなのですね」とオウム返しします．

ポイント4　相手の反応を見て話を進める

こちらが投げかけた話題に対する反応のしかたで「今，現在」の感情や理解レベルを推測し，話題や表現方法を修正します．相手の反応を見て，相手の考えていることがわかってくると，自分が何を話せばよいのか，どう進めていけばよいのかが，だいたいわかってきます（表2.1）．

表2.1　相手の反応から推測する心の中

相手の反応	相手の心の中の推測
黙ってしまう	答えられないか，答えたくないか
内容をすりかえる	ずるい，勝気，理解不足
とぼける	猜疑心が強い
真面目に答える	心を開き始めた
挑みかかる	自信家，反抗心が強い
動揺する	小心者，生真面目
ピンボケな回答をする	理解不足，考えが浅い
知ったかぶりをする	虚栄心が強い

ポイント5　良いところを見つけて褒める

　ちょっとしたことでも，その良さを見つけて，自信につなげてもらうことが大切です．あまり目立たないことでも，必ず朝は15分前に仕事場に出て準備しているなどは，言うのはやさしいけれど，誰でも実行できるものではないので，キチンと褒めて，「重要なことなんだよ」と添えると自信を持ってくれます．このようにできるだけプラス感情で接すると，相手にもプラス感情が芽生え，徐々に自分のことを話してくれるようになります．

ポイント6　相手の特性を見抜く

　相手に同化するということは，具体的には，その人がどこに得手を持っているのかを見つけ，その話題で深く相手の懐に飛び込んでいくことです．亡くなった渥美清を見抜いて映画『男はつらいよ』の寅さん役に抜擢した山田洋次監督，山下清の才能を見抜いた幼稚園の園長さんのように，本人さえ気づいていない微妙な得手を見抜く目があれば，誰とでも同化することができます．

　しかし，日頃はこの人の適性はこうだからこういう仕事をやらせようとか，この仕事はこの人が向いているなどと考えずに，無意識に指示・命令していま

す．相手の話を聞きながら，能力や得手を見抜いて，相手に合わせた話で同化していくということはむずかしいことです．

ポイント7　表情で相手の気持ちを読む

　警戒心を解くためには，相手の役に立ちたい，相手を育てたいという熱意と，一緒に喜んだり，感激したりという人間観が求められます．俳優が演技でありながらも本当の涙を流すように，相手になりきっていくことです．小手先や計算では人は心を開いてくれません．また，相手が嫌だと思っていることは知って知らないふりをし，痛いところには触れないやさしさも必要です．常に相手を観察し続けて，相手がいい表情(すがすがしい顔)でしゃべり続けられるように仕向けます．

ステップ3　Sympathy【共感】－共感を得る

「あなたの力になりたい」と思っている私のことをわかってもらうステップです．相手の感情に訴える言葉や行動をジャブのように打ち続けて，相手の心を開かせることがねらいです．『プロジェクトX』のような感動の物語など，いろいろな事例をあげたり，自分の悩みや苦しみを話したり，人間社会の裏表に触れたりしながら，相手の感情に訴えていきます．このステップでは，自分の思っていること，やっていることをドンドン話します．

- どう感じるか？
- どう思うか？
- 私はこう思ったが，君はどう考えるか？

と，疑問符を投げ続けて，相手と感情を共有できるものを見つけていきます．

PASPASのステップ3「Sympathy【共感】－共感を得る」のポイントを次に示します．

ポイント1　相手に合わせて話す

人は誰でも子供を見れば子供だとわかるので，子供が理解できるような内容にかみ砕いて話をしますが，相手が大人だと自分が理解していることがストレートに通じると思い込んで話をしがちです．しかし，経営者の話が必ずしも新入社員に100％理解されないように，興味や知識レベル，理解度などによって伝わる度合いは違います．このように部下が話に乗ってこず，対話のきっかけがつかめない場合は，まだ相手に合った話し方ができていないということです．

ポイント2　自分の欠点をさらけ出す

　夫婦喧嘩の仲裁のコツは，自分たち夫婦の欠点を引き合いに出し，「あなたたちも私たちと同じだねえ」と対話のきっかけを掴みながら，じわじわと本題に切り込んでいくようにすることがコツです．自分から先に丸裸になって自分の失敗談を全部さらけ出していくと，相手も本音を語るようになり，お互いに表面的な言葉や建前を剥ぎとった対話ができるようになるからです．

　このやり方を間違えて，偉そうに「お前が悪い」と相手の欠点を指摘し始めると，最後には「一応わかりました」とは言うものの，実は全然納得などしておらず，家に帰るとすぐにまた喧嘩を始めてしまいます．

ポイント3　相手の喜ぶことをやる

　不満には，「活躍の場が十分に用意されていない」というような部下全体が共通して思っていることと，「自分の求めが聞いてもらえない」と個々の人が思っていることの2つがあり，この両方の不満をどれだけ聞き出して，どれだけ解決してやれるかが共感のポイントです．

　じっくりと相手の言うことを聞いていると，「こういう問題があってできない」，「こういうことが不満だ」ということを言うようになります．そのような場合，自分ができることであれば，すぐその場で解決します．少しむずかしいことなら，「私も智恵を出すから，君も智恵を出せ．お互いに智恵を出して，とにかくやってみて，うまくいかなければもう一度考えてやり直そう」という姿勢で共感を得るように努力します．

　いざという時，人は理性ではなく感情で心を動かしやすいものです．「この前失敗した時に助けてもらった」，「あの時世話になった」という貯金がたくさんあればあるほど，いざという時に役立ちます．したがって，「人の喜ぶことは何でもやる」というくらいの覚悟を持つ必要があります．どんな時にも，相手の求めに全力で応えるという姿勢が，人の心を動かすものです．

ポイント4　自分では気づかない能力に気づかせる

　普通は，それほど相手を褒める材料を持っていないので，やり取りを通して相手のやってきた行為の中から「褒めること」を見つけて話題にします．

- あなたはどういう考え方でそれをやったのか
- その時どういう気持ちだったのか
- あなたがやったことは素晴らしい

というように，自分では気づかない能力に対する認識を高めさせます．「この人は自分のこんなところまで理解してくれるのか」と感激し，相手への信頼感が増します．

ポイント5　誠心誠意やり抜く

　人の嫌がることを一生懸命にやるポジティブな姿勢が，相手の心の中のヤル気に働きかける引き金になることがあります．

　客先クレームを出した場合など，取引先に呼びつけられて，怒られて，謝ってこないといけない損な役回りですから，誰も行きたがらないものです．こういう時こそ，自分を見てもらうチャンスと捉えます．

　人の何倍も苦労する，誠心誠意やり抜く姿は，相手の感情に訴えるものがあるからです．

ステップ4　Presentation【提案】－考えを受け入れてもらう

相手の言い分が出つくし，本音で話し始めたことを確認してから本題を切り出します．この本題を切り出すタイミングがとても重要です．本音というのは，お互いに共感し合えたという合図で，同じ土俵に立てたことを意味するからです．同じ土俵に立てると，「私の求め」を受け入れてくれる確率が高くなります．

次の3つのポイントを守って上手に対話を進めてください．

① 対話のやり取りをしながら，本命の話は雑談の中に少しずつ入れていく
② 「こういうことで困っている，なんとかならないかなあ」，「ちょっと教えてくれないかなあ」と相談の形をとる
③ 必ず相手自身に「やってもいい」と言わせて，こちらから「やれ」とは言わない

PASPASのステップ4「Presentation【提案】－考えを受け入れてもらう」のポイントを，次に示します．

ポイント1　自分で決めさせる

相手に自分の考えを受け入れてもらう場合に，押しつけや強制だと受け取られると反発される心配もあるので，できるだけ受け入れたくなるように仕向けていくことです．

イソップ物語の『北風と太陽』を思い出してみてください．旅人のマントを脱がせようと北風が強風を吹きつけますが，吹きつければ吹きつけるほど旅人はますます吹き飛ばされまいとしてマントをしっかり押さえつけてしまいます．逆に太陽はポカポカと温かい風を送り続けるので，ついには旅人に自発的にマントを脱がせてしまいます．

このように，相手に右側を向かせようと思ったら，右を向けと強制するのではなく，「あっ，右手にすごい美人がいるぞ」と自発的に右側を向きたくなるように仕向ける方法を考えてください．

ポイント2　具体的に言う

　相手のレベルに合った言葉で，内容が理解できるように情報を伝えることはむずかしいことです．せっかく対話をしても，言っていることが理解できない，わからない→ヤル気が起こらない→そして，失敗すると怒られる．これが普通の会社で日常的に行われていることです．

　例えば，「お客様へのサービス向上」と抽象的な指示をすると，「これだけサービスしているのにまだサービスしろとは何事だ」と思う人と，「こういうことをやってみよう，ああいうことをやってみよう」と自分で考える人に分かれます．しかしほとんどの人は，自分が今やっていることが良いと思っているので，「これ以上なぜやらなくてはいけないのか」と反発します．

　したがって，指示をする場合には，「良くして欲しいサービスの内容」を具体的に言わなければなりません．「サービス向上の目的は○○です．この目的に対して今のサービスはこういう点は良いが，こういう点が少し弱いので強化すべきだと思います．みんなで相談して具体的な意見をまとめてみてください」と，ここまで具体的に言わなければ，行動につながる理解は得られません．

ポイント3　妥協も考えておく

　他人に自分の考え方を受け入れてもらうのは，ある意味では商売と同じところがあります．例えば，設備の故障やチョコ停によって稼働率が悪化してきたので，設備の巡回パトロールを強化して欲しいとします．やって欲しい点検項目は100点ほどですが，相手は5Sや方針管理や部下の技術指導のほか，最近の増産傾向の中では現場作業の応援にも入るため，100点なんてとんでもないと反論します．

　そこで，相手の意見も入れて交渉し，「重要箇所を中心に55点」というところに落ち着きます．このように要望側の意見を100％受け入れてもらえるとは限らず，相手との交渉を通じた要望の修正も，相手のヤル気を持続させるためには必要となります．

ポイント4　ゴールイメージを持たせる

　人は新しい仕事の指示を受け入れて行動しようとするとき，必ず結果を予測して，見通しがつけられるかどうか思い悩むものです．

　例えば，ある課長がコスト面で採算に合わない製品の製造ラインを改造して，「3カ月で25％のコストダウンを実現して欲しい」と上司から指示されたとき，まずそんなことが可能かどうか考え込んでしまいます．快く請け負って万が一見当はずれになった場合，自分の立場が著しく不利になるからです．

　しかし，上司が他社の同じような製造ラインで，自分のところより25％も生産性の高い事例を見せたうえで，改造へのステップを一つひとつわかりやすく解説してくれたら，課長は「自分でも何とかやれそうだなあ」と思い始め，自信を持って受け入れます．

　このように，新しい行動に踏み切らせるためには，「こうやればいい」という成果をきちんとイメージさせることが大切です．

ポイント5　最初から責任を押しつけない

　失敗を恐れないということは度胸のある人，あるいはものごとに自信のある人，失敗したってなんだと思えるくらい経験豊かでいろいろなことをやってきた人です．そういう人は，ある程度失敗の見通しがつくから恐れません．失敗してもこの程度の損害で済むとか，自分はこの程度のダメージで助かるとか，会社でいうと，失敗してもつぶれることはない，このくらいの損が出るとか，納期がこのくらい遅れるとか，要するに失敗したときの結果がどう出るか，その見通しがつけられると度胸が出てくるのです．

　そこで，相手に自信がなさそうだったり，失敗のことばかり考えて行動できないでいると判断したら，「責任は自分が持つから一緒にやろう」と言って度胸をつけさせます．うまくいかなくても責任は持たなくていい，それで一緒にやろうと言うと，少しずつヤル気になってうまくいきます．

ステップ5　Ask【質問】－相手の理解度を確認する

　やっとのことで，相手が自分の考え方を受け入れてくれたからといって満足してはいけません．「わかった」と言っても，抽象的なレベルではお互いに異なった内容をイメージしている場合が多いからです．相手が自分の言ったことを正確に理解してくれているかどうか十分にチェックする必要があります．

　時間をかけて対話をしても，自分の求めている結果が出なければ意味がなく，一生懸命にやったとか，やったけれどもうまくいかなかったというのでは「対話をした」とは言えません．このため，知識をもとに自分が具体的にどう行動すべきかを考えさせる訓練，つまり，「質問ぜめ話法」(p.63参照)を活用して考えさせるプロセスがとても重要です．

　どんなに答えがわかっていても，相手が自分で気づいたり，考え出したり，言い出すように仕向けて行くことがコツです．

　PASPASのステップ5「Ask【質問】－相手の理解度を確認する」のポイントを，次に示します．

ポイント1　成果イメージのベクトルを合わせる

　例えば，増産増産でものすごく忙しい中で，やっとのことで製造課長に「やってみます」と言わせても，製造課長自身の口からどのように導入して展開し，いつまでに，どういう状態にするのかを聞き出さないと，1カ月後に，「やっぱり仕事が忙しすぎて，それどころではありませんでした」という返事が返ってきかねません．または監督者クラスを集めて2～3回の勉強会をやって，後は各自に適当に任せてしまおうと考えているのかも知れません．

　したがって工場長は，「こういう目的でPM(設備保全)をやりたい．一応1年間で，このレベルまで持って行きたい．今は増産で残業・休出も多いと思うので，どういうやり方で進めて行くのか，無理のない具体案を作ってくれ」と具体的に指示を出し，1週間後に具体案を持ってきたところで，工場長自身が考えている成果イメージに製造課長の具体案を近づけるために，どんどん質問

していく必要があります．

ポイント2　相手の立場や状況を思いやる

　社長に指示されたからといって，部下の置かれた立場や状況を少しも考えず，ただ必要論(正義)を振りまわして「やらねばならない」と相手をぎゅうぎゅう締めつけると，せっかくヤル気になってくれた相手のヤル気がどんどんしぼんでしまうので注意が必要です．

　上司にいくら言われても，部下の側にも作業環境のまずさ，設備の工程能力が足らないこと，仕事のしくみのまずさなど，個人の力ではどうにもならない問題を抱えて困っていることがあります．また，仮に個人的には条件がそろっていても，人数が足りないとか，チームでやらなければならないのにメンバーの能力にばらつきが大きいなど，物理的な制約があるために行動できないケースも考えられます．

　やるのは当たり前とばかりにぎゅうぎゅう締めつける前に，相手が仕事で感じている「ひずみ」を思いやり，汲み上げる感性が求められます．

ポイント3　知識を智恵に転化する手助けをする

　わかったという段階で安心して対話を終えると，「わかった，やってみた，やっぱり無理でした」という結末が待っているだけです．それほどに人は困らせないと考えません．そこで，何をどのように，どうやって，どんな困難が想定されて，それをどうやって解決して，という成功への道筋を一緒に考える必要があります．「想定される困ること」を質問形式で投げかけて，どうやって立ち向かえばいいか智恵を引っ張り出しながらヒントを与えないと，何回対話しても，「やってみた，できなかった」の繰り返しです．

ポイント4　具体的な設計図を描く手助けをする

　提案された内容が理解できること，具体的なやり方がわかること，自分の責任が意識されること，メリットの方が大きいこと，という4つの条件がそろってはじめて「やります」という返事がもらえます．しかし最近は，ろくに考えずに，すぐに「どうすればいいですか？」と聞く人が増えています．いわゆる指示待ちという現象です．

　これは，4つの条件のうち，「具体的なやり方がわからない」からだと考えられます．自分がやるべきことを本当に理解するためには，「この問題はどうしたらいいですか」，「あの問題はどうなりますか」と，疑問が次から次へと出てきて，うるさいくらい聞かなければ納得できないものです．つまり，行動に移そうという前提で人の話を聞いていると，うるさいほど質問してきます．そういう一つひとつの質問に誠意を持って答える手間を省くと，対話は失敗します．

ポイント5　自分で自分の間違いに気づかせる

　相手のわかった内容を具体的に聞き出して，自分の考えと違っていたり，客観的に間違っていたり，物理的に無理のある場合には，「君の考えている方法は間違っている」と指摘する必要があります．しかし，それをストレートにやってしまうとヤル気をなくしてしまうので，「こうすれば，どうなる？」，「ああすれば，どうなる？」といろいろな角度から疑問符を投げかけて，部下が自発的に自分自身の間違い，理解不足，欠けている部分，未熟な点などに気づかせながら，目的地に囲い込んで行くことが必要になります．

ポイント6　理解度は表情で判断する

　指示したことが行動につながるか，つながらないかは，話をしながら相手の表情を見ればほとんどわかります．何かを指示した後，「わかりました」という相手の表情がニコニコして，清々しい気持ちがあふれるいい表情になっているかどうかを必ずチェックします．相手の顔つきが明るくなって，愉快で気分

が良さそうな表情をしていれば，自分の言ったことが理解されていると思って間違いありません．

　反対に理論的にぎゅうぎゅうと一方的に話をして，「わかったか」と問えば「わかりました」と言いますが，本音は「人の立場をよく知りもせず，理屈ばっかり言って，何を言っているか」と思っています．このように部下の「正直さ」と「お追従」をきちんと見極める能力が必要です．

ステップ6　Support【励まし】－謝意と励まし

　人の心が動き，楽しくて明るい気分になれるのは，褒められた，親切にされた，欲しいものが手に入ったというように，「恵まれた条件が自分にたくさんある」と感じ，「自分の要望が満たされたとき」です．

　したがって，対話がどうにか終わりに近づいてきた段階で，相手をできるだけ「良い気分」にして終わらせるように全力を集中します．それは相手の表情で判断してください．対話を始めた時点よりだんだんと表情が明るくなってきたら成功です．最後に最高の表情で締めくくれるように最大限の感謝の気持ちを伝えることが，今後に大きく影響します．

　PASPASのステップ6「Support【励まし】－謝意と励まし」のポイントを，次に示します．

ポイント1　自分は期待されていることに気づかせる

　人の心が動いて明るくなる原因は，

- 主人公になった
- 褒められた
- 親切にされた
- 喜ばせてくれた
- 相談に乗ってくれた

など，案外他愛ないことがらです．「君の大切な時間をもらってしまって申し訳なかったが，今日は本当に話し合えて良かった」，「君は日頃あんなことやこんなことなど，隠れた努力をしている」，「私は君のこういうところを本当に素晴らしいと思っていた」，「A社の〇〇課長さんが，先日，君のことを褒めていた」など，具体的な事実でキチンと謝意を伝えます．

ポイント2　上手にサポートする

　話を聞きながら，相手の長所を見つけ出して，活かす場を与えることが対話

の究極の目的です．きちんと相手を見抜き，欠点を叩くのではなく，相手の特長を活かして，やりたいことを自分の考えで好きなようにやらせるとほとんど成功します．なぜなら，どういう部分を援助してやればよいかという育て方がわかり，どこまでは任せておいても大丈夫ということがわかるからです．

任せると放任とは違います．任せた後でも成功させるための責任は自分自身にあることを忘れてはいけません．任せるとは，あくまでも具体的な仕事のやり方には干渉しないだけで，全体のコントロールは自分自身が握っています．

相手に伸びる素質があるから多少無理でもこれをやらせようという場合などはとくに，「困ったことがあればすぐに相談しに来なさい」，「1週間に一度は進捗状況を報告するように」というように，自分に責任を分担してから重い荷を負わせるようにします．そしてちょっとでもおかしいなという場合は，わからないようにアドバイスしたり，あくまでも相手がやったようにして上手にサポートします．

ポイント3　能力を最大限に引き出す

甲子園を目指し，地方予選を勝ち抜いたS高校の強さの秘密を紹介していた新聞記事の中に，監督から「あいつは人を乗せるのがうまい」と言われる名ブルペン捕手のコメントがありました．ブルペン捕手には晴れ舞台に立つピッチャーの球をブルペンで受け，登板前の緊張をほぐしながら気持ちを高揚させる重要な役割があるのですが，彼は4人のピッチャーの性格や登板する状況を読んで，かける言葉を適切に使い分けているそうです．それぞれのピッチャーのヤル気を喚起し，持てる能力を最大限に引き出すツボを心得ているのです．

H投手は細かく言うと考え過ぎる性格なので，「いい球きているよ」とそれだけ，M投手には「今のカーブは曲がりが良くないよ」とダメならダメとはっきり伝え，速球派のK投手には「140km来たよ」と具体的な数字で勢いづけ，プレッシャーのかかる場面での登板機会の多いT投手には「ちょっと抑えてこいや」と気持ちを楽に投げてもらえるように配慮するということです．

このように，相手の一番良いところを引き出してやるためには，ほんのちょっとした情報で，相手の求めを即座に感じるくらいの鋭い「感性」が要求されます．

ポイント4　「やれる」という気持ちにさせる

「今日お願いしたことも，今までこういうことやああいうことにチャレンジしてきた君なら必ず成功させられる．もし困ったら，いつでも私を使ってくれ」，という励ましを必ず添えてください．

相手のヤル気をパワーアップさせるためにも，相手を信頼しており，約束してくれたことがうまくいくように手助けするつもりだし，君ならできる，というプラスイメージのホップ・ステップ・ジャンプで必ず締めくくってください．

以上，PASPASの6つのステップと，各ステップにおけるポイントを，**表2.2**にまとめて示します．

表2.2　PASPASのステップとポイント

ステップ	ポイント
ステップ1 Prepare【準備】	① 相手を十分に研究する ② 五感をフルに働かせる ③ 相手を主人公にする ④ 話のタネをたくさん用意する ⑤ 日頃の行動に気を配る
ステップ2 Assimilate【同化】	① 困っていることを聞き出す ② 相手の本性を受け止める覚悟をする ③ 自分の意見を言わない ④ 相手の反応を見て話を進める ⑤ 良いところを見つけて褒める ⑥ 相手の特性を見抜く ⑦ 表情で相手の気持ちを読む
ステップ3 Sympathy【共感】	① 相手に合わせて話す ② 自分の欠点をさらけ出す ③ 相手の喜ぶことをやる ④ 自分では気づかない能力に気づかせる ⑤ 誠心誠意やり抜く
ステップ4 Presentation【提案】	① 自分で決めさせる ② 具体的に言う ③ 妥協も考えておく ④ ゴールイメージを持たせる ⑤ 最初から責任を押しつけない
ステップ5 Ask【質問】	① 成果イメージのベクトルを合わせる ② 相手の立場や状況を思いやる ③ 知識を智恵に転化する手助けをする ④ 具体的な設計図を描く手助けをする ⑤ 自分で自分の間違いに気づかせる ⑥ 理解度は表情で判断する
ステップ6 Support【励まし】	① 自分は期待されていることに気づかせる ② 上手にサポートする ③ 能力を最大限に引き出す ④ 「やれる」という気持ちにさせる

第3章　PASPAS訓練法

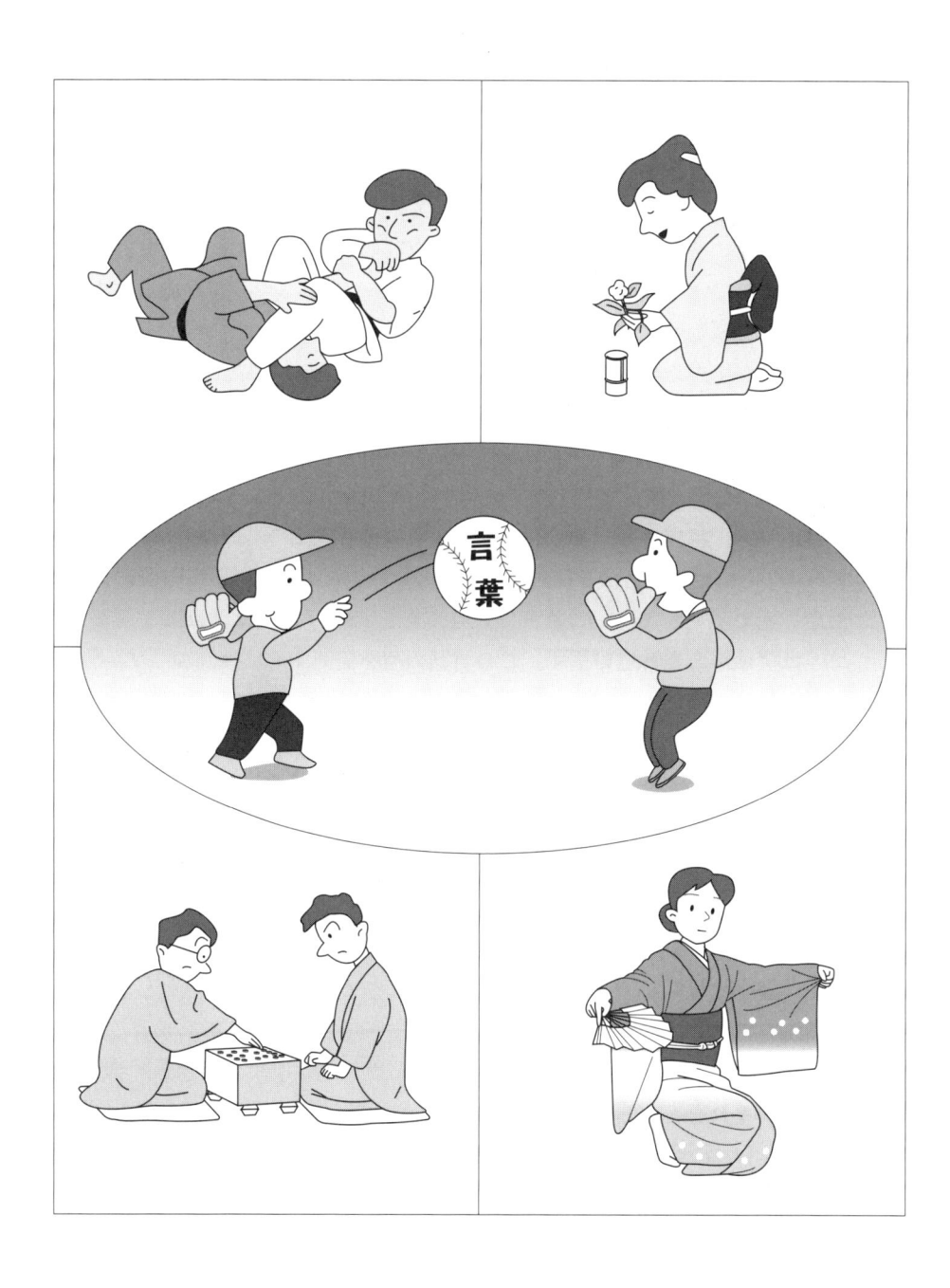

3.1 訓練の考え方

　学生時代にヒーローだった野球選手が，プロの世界に入った途端に通用しなくなることが結構あるようです．しかし，自分の打ち方に自信があるうちは絶対に他人のアドバイスを受けつけないようです．スランプに陥り，万策つきるほど悩んで，やっとコーチや先輩からのアドバイスを受けようと思い始めます．そして，いろいろなバッティング・フォームを試してみて，ある打法が良い結果を生みそうだとヒントがつかめたら，身体で覚えるまで練習を繰り返します．やがて，それが成功すると，「かつて自信を持っていた打法は間違っていて，新しい打ち方こそ最良だ」と信じ始めるのです．

　このように，人は自分の考え方と異なったやり方を試してみて，今までよりもよい結果が出て成功すると，考え方を行動に調和させるようになります．

　武道でも，将棋，碁，その他"道"と名のつく多くのものが，「習うよりも慣れろ」という指導方法を採用しているのもそのためです．PASPASに従って対話を進めるやり方は，これまでの考え方を180度変えなければならないので，抵抗感があると思います．この対話の型を何回でも反復訓練して，「わかった」ではなく，「できる」ということを身体が覚えるまで繰り返し訓練します．すると，不思議なことに自分流の対話の型が確立してきます．

　「対話はこのステップで，こういうところに気をつけてやってください」というように，対話のやり方だけを覚えても，知識が増えるだけで何の役にも立ちません．こういう知識を増やすだけの研修は，できない人をできる気にさせる儀式に終わってしまうという欠陥があります．人は誰でも，他人がやっているのを見ていると，「自分がやればもっとうまくできる」と思ってしまいます．これを放っておくと，やれもしないのにやれる気に転化していってしまうのでやっかいです．

　そのため，キチンとやらせてみて，自分がやっているところをビデオなどに録画し，それを客観的に振り返って，「いかに自分が思うほどにできないか」，「いかに思い描いた自分と落差があるか」を，本人に"気づかせる"必要があり

ます．対話をやってみたあと，必ずそれを自分自身にフィードバックさせ，本人がダメな点を自覚し，次回の対話でその弱点を克服していくようにする「反復訓練」が必要になります．

　踊りは，歩き方や姿勢などの型を身体に覚え込ませる訓練がすごく大事だそうです．稽古，稽古の繰り返しで，毎日，毎日同じことを型通りに反復訓練していると，どうしてもできなかった振りが，ある日突然できるようになるのです．「型通りに練習して，型を超える」，そこが踊りの妙味です．この"守・破・離"の考え方は対話にも通じます．

　PASPASの型通りに反射神経で対話ができるようになるということは，"対話は商売と同じ"だというように頭の中が変わることでもあります．この段階になると，対話の基本スキルを自在に駆使できるので，自分を取り巻くさまざまな問題に活用してみたいという気持ちになります．これが「実務移行」です．最初は照れくさかったり，ぎこちなかったりしますが，だんだんと自信を持って，自然体でやれるようになります．

3.2　社内研修の運営ポイント

　対話の型を頭ではなく，身体に覚え込ませて，自然にPASPASが使いこなせるようにするためには，訓練が必要です．一般的に，**表3.1**のような訓練プログラムで研修を実施します．

　研修は企画・運営事務局が運営し，インストラクターが講師を務めます．それぞれの役割分担を，**表3.2**に示します．

(1)　企画・運営事務局のポイント

ポイント1　研修の目的を明確にする

　研修の目的は，「対話力を向上させて，組織の課題(生産性向上，ムダ取り，効率化改善，品質向上など)を解決する管理監督者を育成する」ことです．こ

表3.1　訓練プログラムの例

		第1回目		第2回目
午前	9:00～9:15	1. はじめに ① トップのあいさつ(5分) ② 研修のねらい(10分)	9:00～12:00	1. 自習成果の発表 ① リハーサル(15分) ② 改良PASPASシートによるロール・プレイング(90分) ③ 「気づき」の発表(75分)
	9:15～10:00	2. PASPASの講義 ① 考え方(30分) ② 訓練のやり方(15分)		
	10:00～12:00	3. 重要対話技法訓練 ① 能動的傾聴法(60分) ② 質問ぜめ話法(120分)		
		昼　　　食		昼　　　食
午後	13:00～14:00	質問ぜめ話法(続き)	13:00～16:15	2. 実務移行訓練 ① リハーサル(15分) ② ロール・プレイング(90分) ③ フィードバック(90分)
	14:00～15:00	4. 対話モデルの習得訓練 ① 対話モデルの熟読(15分) ② 模擬演技(45分)		
	15:00～18:25	5. 対話の実践訓練 ① テーマ選定(5分) ② PASPASシート作成(35分) ③ リハーサル(15分) ④ ロール・プレイング(90分) ⑤ フィードバック(60分)	16:15～17:15	3. 総まとめ ① 振り返り(30分) ② 実務移行指導(30分)
	18:25～19:00	6. 初回のまとめ ① 振り返り(20分) ② 自習のやり方(7分) ③ 実務移行のやり方(8分)		

　のように目的が明確になっていないと，手段のための訓練に陥りやすいので，訓練計画を立てる際には，必ず目的を明確に定義し，関係者のコンセンサスを得ておきます．

　また，研修当日の「あいさつ」では，できるだけトップに出席してもらい，トップ自身の言葉で研修の目的を語ってもらうようにします．

表 3.2　研修における役割分担

区分	No.	項目	企画・運営事務局	インストラクター	受講者
事前	1	年間研修計画の立案	○		
	2	インストラクターの養成	○	○	
	3	個別研修企画立案	○		
	4	グループ編成	○		
	5	受講対象者への周知	○		
	6	業務調整			○
	7	会場設営	○		
	8	テキスト購入・事前配布	○		
	9	テキストの予習			○
当日	10	司会	○		
	11	講義・演習・まとめ		○	○
事後	12	実用化			○

ポイント2　インストラクターの養成

　自習方式によるインストラクターの養成には1カ月ほどかかります．一般的に次の条件を備えた人がインストラクターに向いています．

- サークルリーダーやサブリーダーを経験したことがある
- 性格が明るく頭の回転が速い
- 人間に深い興味を持っている
- 人と話すことが好き
- 何事にも積極的に取り組む

　インストラクターとしての訓練を実施するためには，最低でも次の3つの資格要件をクリアする必要があります．

① 本書を数回熟読する
② PASPASシートを3～5枚作成する
③ 実際に対話を試み，必ず一度は成功体験を持っている

ポイント3　訓練プログラムの立案

- 2日間，16時間の研修と自習による実務移行訓練までがワンサイクルの研修なので，1回目と2回目の間隔を2週間以上開けない．
- 最初は表3.1に示したプログラム通りに実施してみる．なお，本研修は体験型研修なので，演習の時間は十分に確保する．
- できるだけトップの参加を要請する．

ポイント4　受講者のグループ編成

　この訓練は「やってみて覚えろ」，「習うより馴れろ」という指導方法を採用した参加実践型の訓練システムです．全員に何度も実演させながら「気づき」に導いていかなければならないので，小人数グループ編成を必要とします．

　2人1組で対話のロール・プレイングをやるので偶数人数で，できれば12～16名が最適です．対象者が100名であれば，6回程度に分けて実施します．また，当日になるとトラブルなどで奇数になってしまう場合もあるので，事務局の中に必ず「補充候補者」を用意しておきます．

ポイント5　研修会場のレイアウト

　研修会場は，図3.1のようにレイアウトします．設営で注意すべき点は，次の5点です．

① 参加方式を強調させるために机を「コの字型」に配置する
② 2人1組での作業が多くなるので，2人を近づけて着席させる
③ 演技エリアはゆったりとり，研修の進行に合わせて自在に移動させる
④ 席と演技エリアを何度も往復するので，机と机の間に空間をとる
⑤ 演技をデジタルカメラで撮影し，すぐに再生させて本人にフィードバックさせる必要があるので，パソコン，プロジェクター，スクリーンは中央に配置する

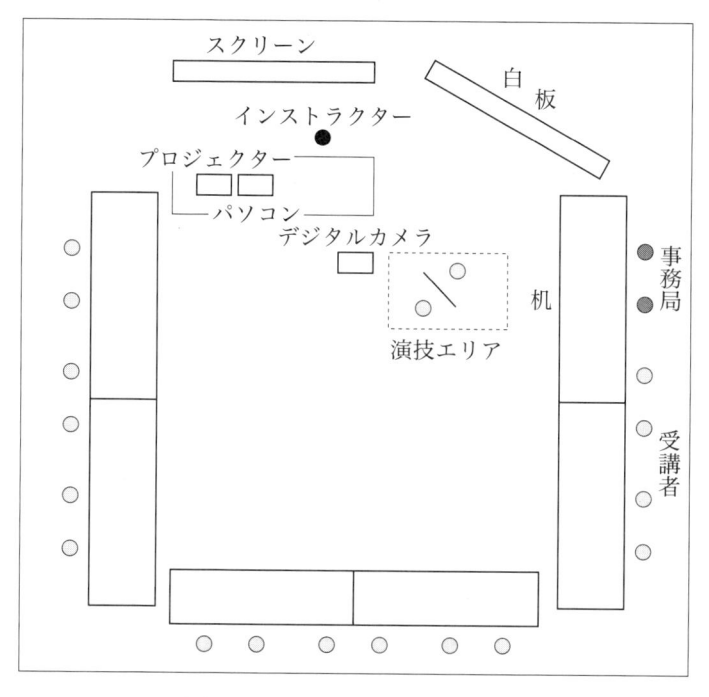

図3.1　研修会場レイアウト図

(2) インストラクターのポイント

ポイント1　スケジュール管理

インストラクターに求められる大きな役割の1つに，スケジュール管理があります．次の5点については特に注意を払ってください．

① 第1回目は9時間，第2回目は7時間15分を制限時間とし，この±5％以内で全プログラムを完了させる．

② 第1回目と第2回目の間隔を1〜2週間とる．間隔が開いても，継続指導という姿勢で臨み，自習と実務移行演習は必ずやらせる．

③ ストップウォッチを携行して，全員がロール・プレイングできるように厳格に時間管理する．持ち時間の±5％を超過したら途中でも止めさ

せる．
④　受講生の疲労度合いを観察して，適当に休憩を入れる．
⑤　この種の研修は，時間が長引くと飽きられ，短過ぎると消化不良に陥りやすいので，受講生のちょっとした言動やしぐさを敏感にキャッチし，最適な時間管理を心がける（目安として，**表 3.1** を参照）．

ポイント2　指導上のポイント

訓練の成果をあげるために，指導においては，次の6点に注意します．
①　すべての演習が上司役と部下役を演技させるようになっているので，全員が必ず一度は上司役を演じられるようにする．
②　受講生は「わかったつもり」，「できるつもり」に陥りやすいので，できるだけ「質問」して理解度を確認したり，できない自分に直面させたりして，受講生の潜在能力を引っ張り出す．
③　多くの時間が，他人のロール・プレイングを観察することに費やされるため，受講生を「お客様」にしない演出と工夫をする．
④　フィードバックでは，必ず先に「良いところ」を見つけて褒め，次に「まずいところ」を指摘・指導する．
⑤　訓練が進むにつれて理解度に大きな格差が出てくるので，あまり理解のよくない者同士の組を放置しておかず，適当なところで組み替えすることも必要である．
⑥　毎回，研修の最後には必ず「振り返り」の時間を入れること．振り返りの時間はとても重要で，
- PASPAS という型に馴れろ
- 思い描いた自分と現実の自分との格差に気づけ
- 相手の立場に立って，相手のために対話せよ

の3点に大きく外れた事例はメモしておいて，わかりやすく説明します．

(3) 受講者のポイント

ポイント1　事前準備

訓練に入る前に，次の3点について準備しておきます．
① 2日間現場から抜けてもいいように仕事の手配・調整をする
② 実際に対話で困っているテーマを3～5テーマ用意する
③ テキストの予習

ポイント2　実用化

とにかく馴れるまで，できるだけ多く実践します．
- 対話は相手のためにやる，という対話の精神をいつも自分に言い聞かせる．
- ちょっとしたテーマでも使ってみて，早く成功体験を持つ．
- 自分のねらいに対して相手がどう反応したかを毎回検証し，「その落差をどうしたら縮められるか」を考え，次回の対話で試す．

3.3　PASPAS訓練の進め方

PASPASの訓練体系は，図3.2に示すように6つの訓練で成り立っています．

それぞれの訓練の進め方について解説していきます．

訓練1　重要対話技法の訓練
① 能動的傾聴法
② 質問ぜめ話法

訓練2　対話モデルによるPASPASステップの習得
① 対話モデルの熟読
② 模擬演技

訓練3　PASPASシートの作成
① 対話の「ねらい」と「落とし所」
② 想定内容の練り上げ
③ PASPASシートのチェック

訓練4　ロール・プレイング
① 上司と部下の役割演技
② インストラクターの役割

訓練5　フィードバック
① 部下役から「感じ」を発表
② 観察者のコメント
③ 上司役の反省
④ インストラクターの指摘

訓練6　反復訓練・実務移行
① 学習用CD-ROMで自習
② 実務移行訓練
③ 第2回訓練

図3.2　PASPASの訓練体系

訓練 1　重要対話技法の訓練

対話を進めていくうえでどうしても欠かせない対話スキルが，次の2つの話法です．
- 能動的傾聴法（相手の感情を掘り起こして本音を引っ張り出す）
- 質問ぜめ話法（相手の建設的な意見やアイデアを引っ張り出す）

対話はこの2つの話法をストーリーのポイントで使いこなしながら進めていくので，この対話スキルが反射神経で使いこなせるようになるまで訓練しなければなりません．また，この訓練は2人1組で，上司と部下に分かれて役割演技しながら習得していきます．

(1)　能動的傾聴法

1〜2分でできる小さな事例を使って，能動的傾聴が自然体でできるようになるまで訓練します．能動的傾聴法は，相手の言ったことをオウム返しにして相手の感情を受け止め，それを繰り返していきながら相手の本音を引き出していく話法です．

手順1　筋書きをつくる

予め準備してきたテーマの中から，部下役が何かトラブルを起こしたテーマを選定して，上司役と2人で簡単な筋書きを作り，表3.3の「筋書きノート(A)」を作成します．テーマは次のようなものから選ぶとよいでしょう．
- 欠勤や遅刻が多い
- 規則やルールを守らない
- 仲間といさかいが絶えない
- 連絡・報告がない
- 目標を達成できない

表 3.3　筋書きノート(A)

テーマ：改善提案が出てこない	
上司役(氏名：浦原　　　　)	部下役(氏名：古橋　　　　)
古橋君だけが今月1件も出てこない	ずっと残業続きでそれどころでなかった
残業が続いたので考えられなかったのか	はい
口頭で提案してもいいことになっているが	改善のネタが見つからなかった
今月はネタが見つからなかったのか	私のラインは結構うまくいっているので問題はない
先週，不良品が続けて発生した原因は何か	治具の磨耗です
検査治具の事前点検はやっていなかったのか	設備の重要部位以外は事前点検はやっていません
そうか誰もやっていないのか	そうです

手順2　ロール・プレイング

　上司役は何とか言うことを聞かせようと指導し，部下役は徹底的に反発したり，言い訳を言って抵抗します．

　「私だけなぜそんなに責めるんですか．みんなもやっているじゃないですか」という部下役に，「そうか，君は自分だけなぜ責められるのかと，面白くないんだね」と，上司役は相手になりきって，オウム返しで相手の感情や気持ちを受け止めます．こういうやりとりを3〜4回繰り返し，能動的傾聴の間合いを習得します．

手順3　振り返り

　演技をデジタルカメラで撮影し，終了後にすぐに再生します．上司役には，「自分の演技を見てどうだったか」の感想を述べてもらいます．

　実際の対話では，オウム返しを何回も繰り返して，相手の感情の高ぶりを鎮めて冷静にし，さらに本音を引き出していきます．

　最初の訓練では，白板に「能動的傾聴」と大きく書いておき，対話がポイントに近づいたら，インストラクターが「能動的傾聴」という文字をドンドンと

たたいて,「そこで能動的傾聴を入れよ」と強制的に催促してタイミングを教えていきます.こういう訓練を数回経験すると自然に使いこなせるようになっていきます.

(2) 質問ぜめ話法

対話では,相手をできるだけ多くしゃべらせることが大切です.したがって,仕掛ける側は上手な聞き役でなければうまくいきません.相手にしゃべらせるためには,少しの沈黙と上手な質問が不可欠です.相手をしゃべりたい気持ちにさせる質問ぜめ話法は,対話を成功に導くためには能動的傾聴法に次いで重要な話法です.質問のやり方には,表 3.4 のような 2 種類があります.

表 3.4 相手をしゃべらせる手法

質問のやり方	どういう場合に使用するか
たとえ話	● 相手がとくに無口な場合 ● ジェネレーション・ギャップが大きい場合 ● それほど親しくない場合 などに,相手の口を開かせるときに使用する.
疑問符	● 相手を目的地に囲い込む ● 相手の意見やアイデアを引き出す ために,相手の言葉をできるだけたくさん引っ張り出すときに使用する.

手順 1 筋書きをつくる

予め準備してきたテーマの中から,「部下がなかなかしゃべりたがらない」テーマを選定して,上司役と部下役の 2 人で 2〜3 分の簡単な筋書きを作り,表 3.5 の「筋書きノート(B)」を作成します.その際に,最終的な「落とし所」を打ち合わせしておきます.

表 3.5　筋書きノート(B)

疑問符	想定した質問内容
テーマ：自動機移行の件で技術のAさんと揉めている	
なぜ？	なぜ揉めているのか
原因は？	原因は何か
そうだろうか？	もっと他にも原因があるのではないか
○○の場合はどうかな？	先々月の試作検討会で揉めたことと関係があるのか
△△についてはどう考える？	製造と技術の関係をどう考えているのか
本当は？	Aさんと個人的に何かあったのか
他には？	技術部から管理工程図の件で苦情がきているがどういうことか
どうしたい？	量産開始が迫っているが，どうするつもりか
落とし所：今回の件は製造側に非があるので，謝罪させる	

手順2　ロール・プレイング

上司役はどうにかして相手をしゃべらせようとします．部下役はできるだけ無口に徹します．

手順3　振り返り

しゃべらせようとする上司役としゃべるまいとする部下役との攻防戦(2〜3分間)の間，どんな質問を繰り出して，相手を何回しゃべらせたか，録画映像を再生させて振り返ります．最初に決めた「落とし所」まで誘導できていれば成功と判定します．

馴れないうちは，ほとんど上司役のお説教に終始しがちです．そこで，ポイントになる部分ではインストラクターが白板に大書きした「質問ぜめ」という文字をドンドン叩いて，「もっと的確な質問やたとえ話を繰り出せ」と強制的に催促します．

質問ぜめ話法は，相手の言葉を引っ張り出すとともに，相手の意見や考え方を目的地に誘導させるような疑問符を投げかけられなければ成功しないので，能動的傾聴法の2～3倍の訓練回数が必要になります．

訓練2　対話モデルによるPASPASステップの習得

(1)　対話モデルの熟読

　以下は，「有給休暇を取得予定の部下に，新規取引先からの突然の試作品依頼に対応させる」というテーマをシナリオ化した対話モデルです．思いつきや出たとこ勝負で対話しても成功しないので，まず，次の2点を意識しながら，この対話モデルを数回熟読します．
　①　PASPASステップによる対話とはどういうものか．
　②　「重要対話技法」の実際の対話における使い方．
　なお，下線部分は対話のポイントで，それ以外はアドリブです(訓練4 (p.81)で詳述)．

[対話の背景]

　この対話の主人公である富沢さんは，地方国立大学工学部金属学科を卒業．学卒で入社以来技術課に勤務して7年目．独身．趣味はサッカー．性格は真面目で仕事に対する取り組みが誠実なため，取引先の評判が良い．

　ただ，野心はなく，ひたすら仕事に打ち込んでいる．試作・金型設計が主な業務で，生産技術面や品質不良対策などでも現場から頼られている．

　牧野製造部長は，同郷のため入社以来目をかけている．○○合金による深絞り技術は，△△大学の深尾教授指導のもとに1年間かけて成功させ，最近さまざまな業界から注目されている．

　火曜日の朝，突然，X自動車から願ってもない試作品の話が飛び込んで来た．

P：対話のきっかけをつくる

※富沢さんの趣味を話題に選んで対話をスタート

牧野：ワールドカップを見に行く日が来週に迫ってきたね．韓国と中国が予想外に強いみたいだね．

富沢：よくご存知ですね．私は毎日ビデオに撮って研究していますよ．日本だって，トルシエ戦法できっといいところまでいきますよ．

牧野：韓国へ1週間も行くくらいだから，富沢さんは本当にサッカーが好きなんだね．高校，大学とサッカーをやっていればそうなっちゃうのかな．

富沢：そうですよ．友達も仕事よりサッカーが好きだという連中ばかりですよ．
　　　それに今回のチケットは，1年以上前から特別なルートを探して，やっと手に入れたプラチナチケットですから，なおさらですよ．

牧野：ところで，うちの深絞り技術もいろいろな分野で注目され出して，なんとか成長軌道に乗ってきたみたいだよな．従来の素材に加えて，富沢さんの新素材関係の技術開発が時流にマッチしてきたよね．車関係もこれまでの旋削加工からうちの技術に注目し出したようだよ．

富沢：部長から特命でやらされた○○合金の深絞りには泣かされましたよ．
　　　考えてみれば昨年1年間はほとんど○○合金の試作開発にかかりきりでしたからね．

牧野：成功したときは本当に嬉しかったよ．
　　　ある研究所の試算だと，○○合金の深絞り技術は今後数年間で用途開発が飛躍的に拡大していくらしいよ．

富沢：そうでしょうね．特に自動車部品分野が大きいと思いますね．

訓練2　対話モデルによるPASPASステップの習得

A：能動的に傾聴する

※途中で口を挟まず，言いたいことを全部言わせる

（少し間をおいて）

牧野：ところで，さっき X 自動車から，再来週の火曜日までに，ある部品を深絞り加工で試作してみてくれないかという話が，突然飛び込んで来たんだ．

富沢：自動車部品だったら数量も大きいし，ものにできればこれまでの開発投資額の数倍を一挙に回収できますね．わが社にとっては願ってもないチャンスじゃないですか．
　　ただ，私は来週水曜日から1週間有給をとっていますから，忘れないでくださいよ．

牧野：そうなんだ．○○合金開発のときも富沢さんにはとても無理を頼んじゃったしなあ．**（オウム返し）**
　　今回はどんなことをしても韓国には行って欲しいと思っているよ．しかし，私も困り果てているんだ．

富沢：いくら部長に頼まれても，ワールドカップの件だけは譲れませんよ．チケットの入手がどれだけ困難なのかは部長だって知っているでしょう．それに，○○合金開発のときもほとんど3カ月間土日なしでやらされて，部長はこの次はどんな無理でも聞いてやるとおっしゃっていたじゃないですか．まだ，無理は聞いてもらっていませんよ．すべて今回のサッカーのためにとっておいたんですからね．
　　言ってはなんですが，学生時代の仲間は大手メーカーへ入って結構優雅にやっていますが，中小企業のわが社は技術開発の部門もなく，すべて私のところに来てしまいます．みんな知らないでいますが，試作開発やラインの立ち上げ指導，それに品質不良対策など，ここ数カ月11時前

に帰宅したことはありません．学生時代の仲間からは「よくそんな安い給料でがんばれるなあ」と皮肉られるほどです．
私はただサッカーのために働いているようなもんですよ．
今回だけは絶対に妥協できません．

牧野：そうだよね，富沢さんには無理ばかり聞いてもらってきたものね．（オウム返し）
富沢：今回は日本が決勝リーグに進出したので絶対見たいんですよ．
牧野：日本開催だし，特別ってわけだよね．（オウム返し）

S：共感を得る

※自分の経験談など，感情に訴える話題を提供する
※信頼して，いつも世話になっている人の言うことであれば，気持ちは揺れる
※なんとか両方うまくいく方法はないか前向きに考えたり，少しは妥協してもいいかという気持ちにさせる

牧野：だけどＸ自動車の試作は技術者としてはやってみたいテーマだろう？
富沢：そうですね．
牧野：実はＳ電機のステンレスの開発に，私は２年間かかったんだよ．この会社はもともと平凡なプレス金型屋だったから，工業高校出たての私は夢に燃えていた．パイプを旋削加工していた従来の加工法に比べて，原価が２分の１になるとわかってから，私は寝食を忘れて一生懸命試行錯誤を繰り返してみた．いろいろなことを試してみたけれども全部失敗で，だんだん会社の中から浮かび上がって，つらい２年間だった．最後にある添加剤を作り出して，ねらいに近い形になったときの感激は今でも忘れないよ．
富沢：そうだったんですか．

訓練2　対話モデルによるPASPASステップの習得

牧野：おかげで会社も大きく伸び，私も40歳で製造部長を任されたけれども，あの感激が一番だ．だから，富沢さんの○○合金開発の苦労も感激もよくわかるんだ．

富沢：新技術開発の苦労と成功したときの感激は，経験した者にしかわかりませんよね．

牧野：本当にそうだよ．だから，同じ感激を分かち合える富沢さんになら私の気持ちも少しはわかってもらえるかなと甘えて，ついつい無理を頼んでしまうんだよ．でも，今回の試作品は富沢さんでないとできないわけだから，もったいないけれど断った方がいいかなあ．

富沢：まったくタイミングの悪い話ですね．

P：考えを受け入れてもらう

※落とし所を腹において，自分からは提案せず，相手に言わせる
※少しでも妥協が引き出せたら，そこをきっかけに話を進める

牧野：X自動車では，これまで旋削加工でやっていたものを，原価を2分の1にするために，わが社の技術が使えないかどうかを試したいらしいんだ．わが社は中国にものづくりの拠点を移し始めた電機業界ばかりが取引先だったから，国内でも将来有望な自動車業界は願ってもないチャンスなんだが…．

富沢：部長，あきらめるのは早いですよ．まだ2週間もあるじゃないですか．残業，休出でギリギリ追い込めばできるかもしれませんよ．
　1週間だけ納期を延ばしてもらうことはできませんか？

牧野：富沢さん，納期を延ばすことはできないんだよ．
　X自動車からは2週間でできたらやって欲しいという要望でね．

富沢：そうなんですか．

牧野：2週間ということになると，ちょうど富沢さんの休暇と重なるだろう．

いくら考えても名案が浮かばないし，今回もまた富沢さんに無理を言っても気の毒だし，困っているんだよ．
やっぱり断るしかないかなあ．（質問ぜめ）

＜転換点＞

ここで富沢さんが「そうですね」とあくまでも当初の約束を主張した場合には，「最悪は断る覚悟」をして謝意【S】を表明して対話を終えることになります．また，牧野部長に富沢さんを説得する次のような材料があれば，対話を継続することが可能です．
- さらに技術者魂に訴える自分自身の経験談
- 牧野部長のこれまでの「貸し」を強調する
- トコトンまで富沢さんの感情に訴える話題

このモデルケースでは，「富沢さんの方から妥協点が提案された」というベストな設定で対話を継続します．

富沢：どちらもうまくいく方法があればいいんですよね．
牧野：何か名案があるなら教えてくれないか．（質問ぜめ）
富沢：これからのことを考えると，やっぱりＸ自動車の試作品は断るわけにはいきませんよ．
　　　残念だけど，サッカーの応援は決勝と準決勝の２試合に短縮します．したがって，来週の金曜日から再来週の火曜日まで休みをもらうということで調整してみます．
　　　そうすると，出発までに10日間ありますから，私に技術の新人の中島君をつけてもらい，部長にも応援していただいて，残業，休出でやってみるという案でどうでしょうか．
牧野：その案ならいけそうだね．
　　　最終責任は私が持つから，一緒にやってみようや．

A：相手の理解度を確認する

※自分が当初考えた設計図との差異を質問で埋めていく

牧野：じゃあ具体的な計画作りといこうか．
　　　試作機は何号ラインを使えるかなあ？(質問ぜめ)
富沢：5号ラインが比較的余裕があると思うので，来週いっぱい空けてもらえるように頼んでください．
牧野：試験計画をあさっての夕方までに作れるかなあ？(質問ぜめ)
富沢：○○合金開発のスケジュールを参考にして超特急でこれからやってみます．そのかわり，A社のクレーム対策は部長がやってもらえませんか．
牧野：わかった．
　　　最終試作検討会を君が休暇に入る前日の昼からやりたいが，自信はあるかね？(質問ぜめ)
富沢：やってみます．中島君を目一杯使いますから．

S：謝意と励まし

※必ず感謝の気持ちを言葉で伝える
※よい感情を持続してもらう意味もあります

牧野：どうにかやれそうだな．ありがとう．これからX自動車に電話を入れるよ．ワールドカップの方はだいぶ犠牲を強いちゃったから，この代償として特別有給休暇を1週間あげるから，機会を見てイタリアサッカーツアーに行って，思う存分サッカーにひたってきてくれ．これが私にできるお返しだ．
富沢：ありがとうございます．プロジェクトを成功させて，遠慮せずに1週間特別休暇をありがたくいただきます．

牧野：うちの会社も量産もので業界の中でも飛び抜けて伸びてきたが，これからは技術力が勝負になってくる．新しい工法開発をどんどん出していかないとこれからは伸びない．それに，中島君のような技術屋を早く一人前にして，プレス機なんかも自前で開発できるようにならないと生き残っていけない時代になっていくよ．
それを一番知っているのは社長だ．そういう意味で富沢さんへの期待はこれからますます大きくなってくるのは間違いない．期待しているよ．まず当面はみんなでX自動車を驚かしてやろうじゃないか．
困ったことがあったら何でもすぐに言ってくれ．できる限りのサポートはするからね．

(2) 模擬演技

次のような「言い回し」を体感するため，2人1組で，対話モデルのセリフの読み合わせをします．

- PASPASの運び
- 重要対話技法の使い方
- 間のとり方
- アドリブの入れ方

訓練2 対話モデルによるPASPASステップの習得

訓練3　PASPASシートの作成

　ここからが対話の実践編になります．

　受講者が職場で直面する実際の課題を使って，「PASPASシート」を作成します．具体的には，図3.3の様式に従って，

- 対話のねらい
- 対話の落とし所
- 対話のポイント

に沿って「想定内容」を下書きし，対話のあらすじを練り上げます．

　図3.3は，訓練2で使った対話モデルをもとに作成したPASPASシートです．この事例を使ってPASPASシートの作成手順を説明します．

　なお，第4章に実際に成功した対話の事例がありますので言い回しの参考に活用して下さい．

(1)　対話の「ねらい」と「落とし所」

手順1　対話のねらいを決める

　対話を始めようとするとき，まずそのねらいを明確にしておく必要があります．

- 何を目的にして対話を仕掛けるのか
- 相手に何を，どうしてもらいたいのか
- いつまでにやってもらいたいのか

が，明確になっていなければ，相手を納得させることはできません．

　私たちはよく手段を求めすぎる失敗を犯しがちです．

　例えば，「たばこ買ってきてくれ」と頼むと，「行ったけれど，売り切れでした」となり，目的が達成されません．これは手段を指示したため失敗しましたが，「今すぐ吸うタバコが1本欲しい」と言えば，近くの人のタバコを借りてきます．このように，何かをやって欲しいときには，「手段」ではなく，「目的」

PASPASシート

対話の ねらい	X自動車からの試作品を再来週の火曜日までに完成して欲しい.	対話の 落とし所	① 休みを短縮させる ② 残業と休日出勤をやらせる ③ 代償に1週間の特別休暇を与える

対話のポイント	想定内容
P 1. 対話のきっかけをつくる 　① 相手の情報 　② 相手を優位に立たせる話題 　③ きっかけになる話題 　④ 相手を対話に引き込む話題	① 入社7年目,技術課所属,試作・金型設計が主な業務. 　独身でサッカーが趣味. 　来週月曜日から1週間ワールドカップの観戦に行く計画で有給休暇を取得予定. ② ○○合金による深絞り技術プロジェクト中心メンバー. ③ ワールドカップサッカーの話題. ④ 富沢さんが手掛けてきた新素材関係の技術開発がさまざまな分野で注目されてきた.
A 2. 能動的に傾聴する 　① 相手の話にトコトン耳を傾ける 　　(オウム返しの繰り返し) 　② 相手の長所を刺激する話題	① ○○合金で苦労した. 　絶対に今回は譲れない. 　大手メーカーの仲間と比べて働き過ぎだ(忙しい). 　野心はないので出世よりも趣味に生きたい. ② ○○合金はよくやってくれた(成功して嬉しい).
S 3. 共感を得る 　① 自分の欠点・失敗談を話す 　② 相手の感情に訴える話題をジャブのように打ち続ける	① S電機のステンレスの技術開発の経験談. ② 将来成長著しいX自動車の試作は富沢さんしかできない.
P 4. 考えを受け入れてもらう 　① 自分はこういうことで困っている・助けて欲しいと切り出す話題(見える言葉で) 　② 責任は自分が持つから一緒にやろうという表現 　③ 無理だと断られた場合に相手の意見を引き出す言葉	① X自動車の仕事はチャンスで断わるわけにはいかない. 　ただし,納期2週間は絶対条件. 　ワールドカップは4年に1度なので,行かせてやりたいが少し無理かな. ② 責任は自分が持つから一緒にやろうと頼む. ③ どこまで妥協できるか,その妥協線を考えておく. 　「今回はあきらめようか」と相手の気持ちを探る. 　最悪は断る覚悟をしておく.
A 5. 相手の理解度を確認する 　① いろいろな角度から質問ぜめ 　② 相手の間違いを気づかせるための話題(確認のポイント)	① 具体的な計画案を引き出す(自分からは絶対言い出さない). ② 試作用の機械は考えているか. 　試験計画はいつできるか. 　最終試作検討会はいつ予定しているか. 　1人でどこまでやれるか. 　現在抱えている仕事の負荷調整ができているか.
S 6. 謝意と励まし 　① 相手をよい表情にさせる話題 　② 謝意・励ましの言葉 　③ フォローの内容	① これからは技術力が勝負になる. 　新しい工法開発を担当している富沢さんに社長も期待している. ② 感謝の気持ちを伝える. ③ 一緒に取り組みフォローする.

図3.3　PASPASシート

をきちんと伝えることが重要です．

　したがって，この事例では，「有給休暇を返上させる」ではなく，「X自動車からの試作品を再来週の火曜日までに完成して欲しい」が，対話のねらいです．

手順2　対話の落とし所を決める

　対話は商売と同じなので，相手に依頼する内容が100％聞いてもらえるなどと考えないことです．相手にもさまざまな言い分があって，「妥協」しなければならない場面も出てきます．相手の言い分を想定して最低限ここまでは頼みたい，という「対話の落とし所」を決めます．

　事例では，富沢さんは1週間有給休暇をとっているので，
- できるだけ休みを短縮してもらう
- 残業と休日出勤で，できるところまでやってもらう
- 今度は必ず1週間の特別休暇を与える

などを妥協線として設定しました．

　この落とし所を頭に置いて，相手の立場に立って，結果を出すまでの設計図を描きます．

(2)　想定内容の練り上げ

　PASPASの型通りに対話を進めていくために，「対話のポイント」ごとに，相手の反応を想定して，あらすじを練ります．

手順1　対話のきっかけをつくる(P)

- 相手を優位に立たせる話題
- きっかけになりそうなトピック
- 相手を対話に引き込む話題

などをいくつか用意します．

この事例では，独身でサッカーが趣味，ワールドカップサッカーの話題ならいくらでも乗ってくると読んで，「サッカー」をキーワードにした個人情報をできるだけたくさん集めました．

| 手順 2 | 能動的に傾聴する (A) |

- 相手が反発する材料や言い訳してきそうな材料
- 相手の長所を刺激して，自信を持ってもらう話題

をたくさん探しておきます．タイミングよく「オウム返し」を繰り返し，真剣に聞いてあげる姿勢が重要な意味を持ちます．

この事例では，富沢さんが 1 年間かかりきりで成功させた，○○合金の深絞り技術について，その間の苦労話をじっくり聞き，気持ちを受け止め，さらにそれを乗り越えた事実を褒めます．ここが次の手順に向けて重要です．

| 手順 3 | 共感を得る (S) |

とっさに，今回の対話にふさわしい話題を思い起こすことやチョイスすることはむずかしいので，準備が必要です．また，相手の反応に合わせて感情に訴える話題をぶつけていくので，いろいろな反応を想定して，次のような話題をできるだけたくさん用意しておきます．

- 自分の失敗談や短所をさらけ出す
- 相手の感情に訴えやすい話題
- 自分の苦労話
- 自分が感動した「泣けるようないい話」

次から次へとジャブのように打ち続けて，相手を自分の土俵に引き込むためには，この場面が最も重要です．

この事例では，牧野製造部長が体験した苦労話として，「S 電機のステンレスの技術開発の話」と，「将来成長著しい X 自動車の試作は富沢さんしかできない」ことを強調し，富沢さんの"技術者魂"に訴えるようにしました．

手順4　考えを受け入れてもらう(P)

「対話のねらい」を相手にわかりやすく伝えます．一般的には「見える言葉で話せ」と言いますが，これは相手がどのような行動を起こせばよいのか，具体的にイメージできるように定義せよと，ということです．

一般的に，無理な提案を持ち出した場合に想定される相手の反応は，
- 無理だと断る
- 身を引く
- 黙り込む
- 厳しい条件を持ち出す

などが考えられるので，相手の反応に応じた豊富な話題を用意しておきます．

この事例では，「無理かもしれないが，責任は自分が持つから，やるだけやろうよ」と励ましたり，「富沢さんがダメというなら，今回はあきらめようか」と，責任感に訴えようとしています．

手順5　相手の理解度を確認する(A)

人は，聞いたそのときはわかった気がするものですが，少し時間をおくとわからなくなってしまうことがよくあります．そこで，依頼した内容が相手にどんな形で伝わっているのか，確認する必要があります．
- いろいろな角度から，具体的な事実に基づいた質問
- 間違った理解を，対話のねらいに囲い込むような高等な質問

をいくつか用意します．ただし，「あなたの考えは間違っている」というように，相手のプライドを傷つけるような言い方は逆効果ですので，避けてください．

事例では，
- 具体的な計画案の内容
- 試作用の機械についての考え
- 試験計画の完成日
- 最終試作検討会の開催日

- どこまで富沢さん 1 人に任せても大丈夫か
- 現在抱えている仕事の調整

など，詳細に質問を用意しました．

このようにして，対話をほぼ落とし所に導いていきます．

手順6　謝意と励まし(S)

対話の最後には，「相手のヤル気をパワーアップさせ，自信を強化させて，成功するような道筋をつけてあげたい」という気持ちを表現する話題が必要になります．具体的には，

- 相手をよい表情にさせる話題
- 感謝の気持ちを表現する話題
- いつでも力になるからといった支援の約束

など，締めくくりにふさわしい話題がたくさんあればあるほど有効です．

事例では，これからは技術の時代で，新しい工法開発を担当している富沢さんへの会社の期待が大きいことを強調しています．なお，事例のような緊急の課題では，一緒に取り組む姿勢を示す必要もあります．

(3)　PASPASシートのチェック

PASPASシートが完成したら，表 3.6 に示すチェックシートを活用してチェックします．「チェック項目」の 10 項目を満たしていれば，対話のあらすじは完成です．

表3.6　PASPASシートのチェックシート

	チェック項目	チェック欄	メモ欄
1	対話のねらいが，何を，いつまでに，どうして欲しいかが明確になっているか	☐	
2	対話の落とし所は，相手の言い分のすべてを想定して設定したか	☐	
3	日頃の貸し借りのバランスを見て，対話の落とし所は妥当な線か	☐	
4	相手を主人公にするような話題を多く用意しているか	☐	
5	相手からの反論をたくさん想定したか	☐	
6	相手の気持ちに訴えるようなたとえ話や経験談を用意しているか	☐	
7	自分の求めと相手の求めを比べて，自分の方が勝ち過ぎていないか	☐	
8	嫌だと断られた場合，どのように対話を展開させるかの想定問答があるか	☐	
9	相手を目的地に囲い込んでいく概略の設計図はできているか	☐	
10	相手に自信を持たせるようなよい終わり方になっているか	☐	

訓練4　ロール・プレイング

ここからが，この訓練のキーポイントになります．

受講生がPASPASステップとポイントを実際の対話の中から体感して，相手の行動を変えさせ，それによって成果を上げるような，対話のコツを身につけるまで繰り返し実践します．

理屈が「わかる」ではなく，実際に「できるようになる」ことが求められるので，1つの課題に対して，1～2週間おいて，未消化部分や納得させられなかった部分を補強するロール・プレイングを再度実施します．この2回をワンサイクルと考えます．

(1)　上司と部下の役割演技

ロール・プレイングはPASPASシートに従って進めます．ただし，ここに記述された内容は，あくまでも全体の流れとポイントとなる「言い回し」程度と考え，できるだけ場の雰囲気でアドリブを入れていきます．pp. 66～73の対話モデルの事例では，下線の部分が対話ポイントで，それ以外はアドリブです．

つまり，PASPASシートで用意する対話ポイントの分量は実際のロール・プレイングの半分くらいに考えておきます．

手順1　対話のリハーサル

2人でチームをつくって，上司役と部下役を決め，各自が作成したPASPASシートのどちらかを採用して，15分間程度リハーサルします．

手順2　演技前の説明

ロール・プレイング開始前に，上司役は次の2点を全員に説明します．

- 取り上げる課題の概要
- 部下役は課題についてどう感じているか

（お説教がいちばんいけないんだよな）

手順3　ロール・プレイング

① 設定時間はおよそ5分程度．

（絶対納得なんかするもんか）

- 上司役：落とし所に誘導させたい
- 部下役：できるだけ説得させられまいと反発する

② ロール・プレイングを通して，上司役と部下役は表 3.7 の注意ポイントを忠実に守って演技する．

③ 2 人の対話はデジタルビデオカメラに撮り，演技終了後に再生して復習する．また，他の受講生は観

表 3.7　演技するうえでの注意ポイント

役割	注意すべき点
上司役	① 「対話のねらい」を部下に納得させるように全力を傾ける ② 部下の反応に合わせて，PASPAS ステップで対話を進める ③ PASPAS シートの対話ポイントを絶対外さない ④ ロール・プレイングでは絶対に沈黙の時間をつくらない ⑤ 理屈で強引にねじ伏せる（お説教）やり方は厳禁 ⑥ 常に部下の表情を観察し，よい表情に持っていく
部下役	① 対話モデルは比較的簡単に納得する筋書きになっているが、自分の気持ちに忠実にロール・プレイングを進め，最後まで「簡単に納得させられないぞ」という強い姿勢を崩さない ② 気に入らない対話に対しては，どんどん反発して上司役を困らせる ③ できそうにないこと，わからないことなどはどんどん質問して上司役を困らせる ④ 上司役がしゃべりたい気持ちに誘導してくれないと感じたら，いつまでも沈黙を通して上司役を困らせる

察者となり，図 3.4 の観察シートに沿って，気になった点，おかしな表現などを具体的にメモする．
④　インストラクターの指導で，納得いかない部分があっても，ロール・プレイングは終了させる．

(2)　インストラクターの役割

ロール・プレイングの場では，インストラクターは表 3.8 のように，主に上司役に対してコーチの役割を果たしてください．

表 3.8　インストラクターの役割

①　上司役が PASPAS ステップから外れないようにガイドする
②　それぞれのステップで，対話ポイントを外さないように指導する
③　「能動的傾聴」，「質問ぜめ」，「たとえ話」をたくさん使うように指導する
④　ロール・プレイングを予定時間内に収めさせる進行係も兼ねる

訓練4　ロール・プレイング

観察シート

観察内容＼メモ内容	気になった表現，おかしな表現など
1. 対話のやりとりは目的に沿って一貫していたか（言葉のキャッチボールがよくやられていたか）	
2. 能動的傾聴が十分に活用されていたか	
3. 質問ぜめで，相手から建設的な意見を引き出せたか	
4. 自分の求めが相手よりも先に出ていなかったか	
5. 感情に訴えるたとえ話が十分に活用されていたか	
6. 相手の反論に対して，十分なたとえ話が用意されていたか	
7. 君のための力になりたい，相手を主人公にしたいという姿勢が強く感じられたか	
8. 対話の目的の達成度は何パーセントくらいか	

図 3.4　観察シート

訓練5　フィードバック

　この訓練法は受講生が，上司役・部下役・観察者など，あらゆる立場から参画し，体感の密度を濃くしようと計画されています．したがって，このフィードバックは「気づきの場」（表3.9）として重要なステップです．

　このステップはインストラクターが主導します．受講生からできる限り具体的で建設的な意見を引き出して，上司役にたくさんのヒントを与えます．

表 3.9　立場に応じた気づきの内容

役　割	気づきの内容
上司役	思い描いた自分と実際に演じた自分との落差
部下役	対話を仕掛けられた部下の気持ち
観察者	第三者の視点

(1)　部下役から「感じ」を発表

　ロール・プレイングを通じて，部下役は次の点について「どんな気持ちになったか」，現在の自分の気持ちをできるだけ正確に上司役に伝えます．上司役は，次回への具体的なヒントにします．

- PASPAS の手順で口説かれたことについて
- 一生懸命に自分の気持ちを聞いてもらえたことについて
- 上司の言い分に対して，どこまで納得し，どこからは納得していないか
- どんな言葉をかけられて気分が良くなったか
- どんな言葉で面白くなくなったか
- 100％近く納得するためには，どういう対話が欲しかったか

(2) 観察者のコメント

観察者は，全体の流れの中で，
- 能動的傾聴が少なかった
- 相手にしゃべる機会を与えず説教し過ぎた
- 沈黙の時間をつくり過ぎた

など，どこに問題があったかを，感じたままにコメントします．

さらに，仕掛けと応答のやり取りを観察して，
- こういうやり取りを始めたら部下の表情が良くなった
- あの言葉を言った瞬間に部下が怒り始めた

など，言葉のキャッチボールの良い点，悪い点について，観察シートに沿って記録した内容を具体的に指摘します．

(3) 上司役の反省

ロール・プレイングの間，上司役は無我夢中で役割を演じているので，具体的な反省点を発表する余裕はありません．そこで，録画映像を再生して，客観的に自分の演技を見て，「思い描いた自分と実際に演じている自分との落差」を感じてもらいます．

とくに，PASPASシートに用意した言い回しの中で，「やるつもりだったができなかった点」に焦点を当てて反省させます．
- なぜできなかったのか
- どうしたらできるようになるか
- 自分の何が弱点なのか

などについて，具体的な考えを引き出してやることが次回につながります．ここが「気づき」の重要なポイントになるので，十分な時間をかけます．

(4) インストラクターの指摘

インストラクターは次の5点についてコメントします．
① PASPASのステップに従って，「ここで能動的傾聴を飛ばして，逆にお説教しましたね」など，できなかった「言い回し」を指摘する．
② 重要対話技法(能動的傾聴法と質問ぜめ話法)が，必要な部分で，タイミングよく活用されたかどうかを評価する．
③ 部下役，観察者などのコメントや指摘内容をまとめ，上司役にわかりやすく提案する．
④ 対話の目的を何パーセント達成したか，ロール・プレイング全体を評価する．
⑤ どこが未達部分(部下役が納得できなかった部分など)なのかを明確にし，次回への宿題を出す．

訓練5 フィードバック

訓練6　反復訓練・実務移行

　PASPASによる対話は身につけることが目的なので，ロール・プレイングの映像を何回も見て，反省して，改善して，最良のやり方を体得しなければなりません．そのためには，対話ポイントとなる「言い回し」を追加するなど，PASPASシートを修正しながら，相手と自分が納得いくまで何回も対話をやってみます．多少の抵抗はあっても，「このやり方だとうまくいく」と気づくまでPASPASによる対話を繰り返します．

　最初は「恥かしさ」や「照れくささ」，さらには「何で自分がこんなことまでやらなければならないんだろう」といった気持ちにもなりますが，この壁を越えられれば，自然体で対話できる自分が発見できるはずです．この瞬間こそ，自分流のPASPASによる対話の型が完成したときです．

(1)　学習用CD-ROMで自習

　最初のロール・プレイングで撮影した中から，最もうまくできたものを選び出して1～2本を自習用に使います．何度も映像を見て，PASPASの型を覚えます．次に，訓練5のフィードバックで，部下役，観察者，インストラクターの指摘事項を整理し，PASPASシートを修正します．

　自習の段階では，表3.10の留意点をしっかり理解します．

(2)　実務移行訓練

　最初の訓練から2回目の訓練までの間(普通は1～2週間)に，新たなテーマを見つけて，まったく独力で対話実習をやります．親子や夫婦の間というように家庭で行っても問題はありませんが，できれば職場の部下と具体的な問題を取り上げて，それをうまく処理する対話がベターです．

　第4章は現場の代表的なトラブル事例を扱っているので，実務移行訓練を

表3.10 自習での留意点

① 言葉のキャッチボールを最後までやり抜く
② 常に対話の相手を主人公にする姿勢を持ち続ける
③ 能動的傾聴をたくさん使う
④ 質問ぜめで相手にたくさんしゃべらせる
⑤ 感情に訴えるたとえ話をたくさん使う
⑥ 相手からの反論や反発も，理詰めで抑えようとしないで，たとえ話で受け止める
⑦ マイナス言葉を絶対に使わない
⑧ 優位な立場を利用したお説教は厳禁

表3.11 対話実習で取り上げる内容

- 欠勤・遅刻が多い
- 仕事のトラブルが多い
- 規則やルールを無視する
- いつも目標を達成できない
- 責任逃れが多い
- 不平や不満を溜めている
- 上司とのいさかいが多い
- 残業・休出などに協力しない
- 指示した通りに仕事をやらない
- 連絡・報告が悪い
- ヤル気が低い

行う場合に参考にしてください．

対話実習のやり方は，

① 扱う事例を，表3.11のような内容から選ぶ

「成功体験を積み上げる」という観点から，あまりむずかしいテーマを設定しないことがポイントです．

② PASPASシートの作成

③ 対話実習（2〜3回，延べにして2時間程度）

④ PASPASシートの中で，相手をうまく説得することができなかった「言い回し」を修正（第2回目の訓練に持参）

(3) 第2回訓練

各自2枚のPASPASシートを持参し，ロール・プレイング中心に進めます．
- 1回目の訓練で使用したものを改良したPASPASシート
- 実務移行訓練で作成・修正したPASPASシート

第2回訓練は，実務移行訓練の再演の場という位置づけで考え，具体的には次の内容で進めます．

① 自習成果の発表

1～2週間の間隔が開いているため，まず，各自自習を通じて修正した改良PASPASシートで，どれくらい対話スキルが上達したのか披露し合います．これは「宿題に本当に取り組んだか」というチェックの意味も持っています．ロール・プレイングの後，必ず上司役には，ここまで対話訓練をやってきて，「どんなことに気づいたか」について，5分くらい発表してもらいます．この気づきの発表はとても大切です．

② 実務移行訓練の発表

次に各自が自宅や職場で予行演習してきた実務移行訓練の再演です．進め方は第1回目に行った実践訓練のやり方とまったく同じです．各自が用意したPASPASシートに沿って再演し，それをフィードバックするやり方で進めます．このフィードバックが重要で，上司役は次の4点についてできるだけ詳しく発表します．
- 実務移行訓練で取り上げたテーマの選定理由
- 実務移行訓練でとくに注意した(気を使った)ポイント
- 実務移行訓練をやってみて，自分の感じたこと
- 対話訓練を通じて自分の反省すべき点

③　総まとめ

最後にインストラクターが「第2回目訓練の総括」と「実務移行指導」を行い，総まとめとします．

1）　第2回目訓練の総括

テキストに書かれているPASPASの精神に対して，どこまで理解し，どこまでスキルが訓練されたかについて，インストラクターが感じた課題を総括して話をします．そのために，インストラクターは訓練中，常に「気になったこと」をノートしておくとよいでしょう．

2）　実務移行指導

これから各自が職場へ帰って実際の課題に活用し，目的を達成させるために，どこが問題で，どこを補強すべきか具体的に個人指導します．

【参考文献】

『BMP ―行動モデルによる企業内訓練』，高仲顕／ハリー・K・リー編著，1981，日本能率協会マネジメントセンター．

第4章　対話の事例

人には自惚れがあり，知識として理解できると，それだけで何となく自分にもできそうに感じてしまいます．それどころか頭の中では「できた気」にさえなってしまいます．しかし，実際に「やってみてくれ」と指示されると，とたんに現実に戻り，二の足を踏むのが普通の人の姿です．頭で考えてやれそうだと思うことと，実際にやってできるということには大きな差があり，やってみるとたいがいダメなケースが多いものです．

PASPASによる対話も，実践訓練でやってみると，何となくわかった気になりますが，実務移行で相当な事例をこなさないと，抵抗なくできる段階までにはなかなか至りません．

次にあげる7つの事例は，管理監督者のみなさんが実際に対話を行った成功事例を筆者がシナリオ風にまとめたものです．重要な節目は＜ポイント＞，成功する対話のきっかけとなったやり取りは＜転換点＞として，留意点を示してあります．

この事例を通して，
- 対話の運び方
- 能動的傾聴や質問ぜめを使う場所や言い回し
- 局面を転換させるときに，どういう「たとえ話」が用意されているか
- どのようにして相手を「ねらった場所」に囲い込んでいくか
- 相手を気分良くさせる対話のクロージング

などを参考にしてください．

なお，簡単なシナリオにまとめてありますが，実際の対話は「相手との信頼度」，「相手の性格や態度」，「問題の大きさやむずかしさ」，「対話を仕掛ける側の問題形成能力や問題解決能力」などによって，解決までに数回必要な場合もあります．

事例1　役割と責任を果たさせる

［対話のねらい］

つねに現場作業に逃げ込んで，どんなに頼んでも本来の仕事をやってくれない伊藤作業長に，作業長としての仕事をやらせる（具体的には，クレームを発生させないために，図面の指導，朝と昼2回の設備や治具の巡回パトロールチェック，1日数回の製品チェックと異常の早期発見・早期処置活動を実施させる）．

［対話の背景］

小林課長はセラミックス部品加工部門の責任者である．最近メーカークレームが増えてきて営業から苦情が絶えない．そこで，その対策を伊藤作業長に指示したが，忙しさを理由に現場作業を優先させ，いっこうに着手する気配がない．

小林課長は，一度じっくり伊藤作業長と話し合いの場を持たなければならないと思い，ある日，仕事が終わってから伊藤作業長と話し合ってみた．

小林：伊藤さん，忙しいところ悪いけど，この間2人で約束した作業長としての仕事について，もう一度話し合ってみたいんだ．

伊藤：勘弁してくださいよ．今日は1人休まれてまだ仕事が残っているんですよ．まったくタイミングが悪いなあ．

小林：伊藤さんが作業者への図面指導や巡回パトロール，それに製品の異常発見・処置活動にまで手が回らないのには何か理由があると思うので，今日はそこのところを話してもらえませんか．私もどうにかして伊藤さんの力になりたいんですよ．

> **＜ポイント＞**
> 頭から相手の不実をなじるのではなく，具体的な事実をあげて「あなたの力になりたいからどうか時間をとってください」，という姿勢を投げかけることが必要．

伊藤：課長，現実を見てくださいよ．リストラやらでパートや派遣社員が1人もいなくなって，作業者はみんな残業と休出に振り回されているんですよ．そのうえ，私が現場を手伝わなかったら納期遅れがもっと増えて，営業さんから今以上にぎゃーぎゃー言われるんですよ．それでもいいんですか．

小林：伊藤さんが現場に入らないと現場が回っていかなくて，納期遅れがもっとひどくなるということですね．**（能動的傾聴）**

伊藤：そうですよ，男性社員なんか先月は平均100時間以上も残業・休出で，もう倒れそうだって言ってるほどですよ．知らないんですか．

小林：そうか，みんなぎりぎりまでやってるんだ．**（能動的傾聴）**

伊藤：課長が本社から来られて，ここ数年赤字続きだったこの部門をどうにかして黒字に転換したいという情熱はわかりますが，いくら品質のためとはいえ，私が今現場から抜けたら，もう回っていきませんよ．

小林：伊藤さんの気持ちはよくわかるけれど，これ以上クレームが続いたら，メーカーさんはもう取引先を変えると言ってきているんだ．ここまでみんなでがんばってきて，あと少しというところで競合のS社に転注でもされたら，これまでの努力が水の泡になってしまうよ．納期遅れとクレーム問題を同時に解決できるいい方法はないかなあ．

伊藤：そんな虫のいい方法はありませんよ．

> **＜転換点＞**
>
> 小林課長は最初のやり取りで，伊藤作業長が，年下で本社から来た自分に対して，「俺たちの苦労も知らないでこの若造が」という反発が強いことを知らされました．この反発を鎮めるためには相当な時間がかかると判断して，緊急性を重視し，次の手を打ちました．
> 　① クレーム問題に対する有効な手の打ち方を納得いくまで説明した
> 　② 「できない」を封じるために，同業のＳ社に工場見学に行かせた
> 　③ とくに残業の多いラインに対して１名中途採用で補充を行った
> この間１カ月ほど時間を置いて次の対話につながっていきます．

小林：先日Ｓ社を工場見学したとき，何かヒントになるようなことはなかったかい？（質問）

> **＜ポイント＞**
>
> さりげなくヒントを投げかけて，小林課長は伊藤作業長が何か言い出すまで，グッと我慢する．意識を変えてもらうためには，「実際にやっているところを見せる」（百聞は一見に如かず）などの工夫をする必要がある．

伊藤：そういえばＳ社では同じような工程なのに，人が半分しかいなかったですね．それに，私と同じ立場の作業長はラインに入っていなかったなあ．
小林：やればできる．何か方法はあるってことだ．現にＳ社でやっていたんだから．
伊藤：そういうことですね．最近，受注ロットが小口になってきたため，段取り回数がこれまでの２倍に増えているんです．これが問題だと思うんですが，課長はどう思いますか？
小林：そうか，それはいいところに気がついたね．

伊藤：うちの段取り作業はメチャクチャで，型や治具の5Sが全然できていないばかりか，作業手順も各自バラバラなため，平均すると1回に40〜50分近くかかっています．このやり方さえ1/3以下に短縮できれば，私が現場に入って手伝っているくらいの工数は簡単に吸収できるはずです．

＜ポイント＞

伊藤作業長がどれくらい具体的な計画を持っているかを質問で確かめていく．具体的な解決の設計図を持っていても，絶対にそれを小林課長の方から言い出さないこと．

小林：ただ，今でもみんなたいへんなのに，どうやって時間を作って，どういうやり方でやったらいいかなあ．（**質問**）

伊藤：課長，半年ほど本社負担で段取り改善を指導してくれるコンサルタントを入れてみませんか．こういうときこそつくり方から見直さないと，生産性はあがってこないと思うんです．うちのものづくりはここ10年来旧態依然として全然変わっていないですから．
　確実に半年後には楽になれそうな期待が持てるようだったら，私も組長たちにがんばるように頼めるんですが，際限なくがんばれと言ってもそれは無理でしょう．攻め方の目途が立った段階で，私も課長に言われている作業長本来の仕事にも取り組みたいと考えていますが，それではいけませんか．

小林：組長たちが納得してくれたら，この方法で行こうよ．私も本社サイドを口説いてみる．何か困るとすぐに伊藤さんのところへ持って行ってしまって申し訳ないと思っているけど，あなたが本当に頼りなんだ．じゃ，この件はこの方法で進めよう．

事例2　自分の気持ちを言葉で表現させる

[対話のねらい]

　仕事は一生懸命にやるけれども，ほとんど1日中無口で，あいさつもしないし，指導やアドバイスをしても返事をしないというように，自分の考えをほとんど口にしない竹松君に，職場のコミュニケーション能力をつけさせる．

[対話の背景]

　竹松君はAメッキ工業の比較的腕の良い職人さんである．小さいときから工作が好きだったことから身体を動かす製造業に就職し，メッキ職人の道に入って5年目．真面目に不満一つ言わずに黙々と仕事をする姿は，だれからも好感を持たれている．水谷社長はぼつぼつ主任に昇格させて，部下の面倒を見させたいと考えている．

　そのためにも，自分の気持ちを言葉で表現することの大切さを，どうにかしてわからせたいと思い，きっかけを待っていた．ちょうど竹松君が担当していたIコンピュータの試作品が完成し，本人もほっとした気分になっているタイミングで対話を仕掛けた．

＜ポイント＞

　本人にとって嫌なことを言うときには，必ず褒める話題から入り，相手を優位に立たせてやることが対話のきっかけをつくるポイント．

　竹松君が今一番認めて欲しいと思っていることは，マグネシウム合金の試作に成功したことなので，それを褒める．

水谷：竹松君，Iコンピュータの試作品が完成して，向こうの○○課長さんがお礼の電話をかけてきたよ．
竹松：そうですか．

水谷：この新製品はこれからは爆発的に伸びて2〜3年後には当社のドル箱に育っていくと思うよ．竹松君は大功労者だ．

竹松：……．

水谷：マグネシウム合金へのメッキは非常にむずかしくて，メッキ業界の中でも実用化に成功したという話はあまり聞かないほどだ．

竹松：ええ．

水谷：ところで，今回のプロジェクト成功を契機に，ぼつぼつ竹松君にもXラインの責任者になってもらいたいと考えている．部下は5人だ．

竹松：そうですか．

水谷：今日は主任昇格を前提に，竹松君とトコトン話し合ってみたいと思って，時間をとってもらった．竹松君の良いところは，陰日向なく仕事に全力投球しているところだと思う．ただ，気掛かりなのは，自分は良いと思ってやったことが，回りから評価されない場合が多いんだ．相変わらず品質不良も減らないし，ライン採算も最悪だ．なぜだろうか？

＜ポイント＞

絶対にお説教はしないで，相手の話にトコトン耳を傾ける．無口な相手には「質問ぜめ」で言葉を引っ張り出す．

竹松：（5〜6分考えた後）
自分は思いつきで動き過ぎるからではないですか．

水谷：あまり考えないで行動しているということか．（**能動的傾聴**）

竹松：ええ．どうしても考えるより先に身体のほうが動いてしまうんです．

水谷：だから山中工場長なんかが，ムダな動きが多いと言っているのか．
工場長や製造課長は，いろいろとアドバイスをしてもなかなか聞いてく

　　　　れないと言っているが，これには何か思い当たることがある？
竹松：はい．
　　　先日，川口課長の指示に逆らって，自分の考えを通して，後回しにしてもかまわないことを優先してしまい，だいぶ叱られました．
水谷：課長の指示を無視して，自分の考えを通したわけか．**(能動的傾聴)**
　　　どうしてそうしたの？
竹松：(10分ほど考えている)
　　　自分の考えでやる方が楽だからと思います．
水谷：どうしてそう思うの？
竹松：今の仕事には自信を持っているので，人の意見を聞くよりも自分の考えでやった方が速いし，うまくいくと思うからです．
水谷：自信のあることには口出しされたくないというわけだね．**(能動的傾聴)**
　　　それで，川口課長との件は自分の考えでやってうまくいったの？
竹松：結果は多分同じだったと思いますが，課長のやり方の方が早く終わったと思います．でも，人の意見を聞いてもどうやってやればいいのか具体的なやり方がイメージできないんです．だから自分の考えでやってしまうんです．
水谷：なぜだろうか？
竹松：(10分ほど考えている)
　　　メッキには自信があるから，あまり細々としたところまで口出しされたくないし，かといって自分の考えをどうやって相手にわからせたらいいのか…．
　　　そういうことが得意じゃないんです．
水谷：ものをじっくり考える訓練をしてこなかったので，自分の考えを言葉で表現する力が弱いし，人の言葉をかみ砕いて自分のものにする力が弱いということだね．**(能動的傾聴)**
　　　こんなこと訓練すれば簡単だよ．竹松君は女性に惚れられたことある？
竹松：いまつき合っている女性がいます．

水谷：一番初め，相手がなぜ自分に好意を持ってくれたとわかったんだね？
竹松：スキーに誘ったら，断られなかったから，自分のことを嫌いじゃないな，と思って．

＜転換点＞

　本質的な問題がわかりかけてきたところで話題を変えて，2人で解決法を探っていきます．竹松君は今，恋人とゴール寸前なので，恋愛をテーマに対話を深めることにしました．恋愛で相手を好きになるほど，いろいろな角度から相手の性格や趣味・好き嫌いなどを知ろうとすること．相手を観察して，「相手の意図」に合うように，「気に入られる」ように，一生懸命考えて行動すればするほど，相手が受け入れてくれることなど，さまざまな質問でヒントを引っ張り出してやります．
　恋愛と同じようなことを仕事でやれば，自分のウイークポイントは簡単に克服できそうだと本人がその気になるまで，何回でもやります．

水谷：問題を整理してみようか．ここまで竹松君が理解した内容を言ってみてくれ．
竹松：まず，人からアドバイスや指示があったら，「相手の意図」（相手はどうして欲しいか）を考えて確認してみることです．
水谷：それから？
竹松：具体的な動き方を考えながら，納得いくまで確認することです．
水谷：そうだ．彼女がますます竹松君を好きになるようなことを考えて，いろいろ実行しているのと，まったく同じことをやる．それから？
竹松：今回，社長がやってくれたように，日頃から「なぜだ，なぜだ」と自分自身に質問を投げかけて，考えるクセをつける．
水谷：うん，それがとても大切だ．それから？
竹松：ちょっとしたことでも言葉に出してみる．
水谷：彼女にデートのたびに「好きだ」と言っているだろう．何でも言葉に出

してみることが大切だ．それから，表現力を訓練するためには，「書く」ことが大切だと思うよ．週に1回，自分のこと，ラインのこと，いま考えていること，何でもいいからレポート用紙に書きなぐって私に見せてくれないか．

竹松：考えたことを書いてみて，「頭の5S」をやれ，ということですね．
水谷：そうだよ．N先生がいつも言っている，あれだよ．
竹松：努力してみます．
水谷：58期からXラインの責任者やってくれるね．
竹松：はい．頑張ります．

| 事例3 | 聞く耳を持たない相手に話を聞かせる |

[対話のねらい]
パートの女性従業員に嫌われている中山主任を説得する．

[対話の背景]
中山主任は食品加工メーカーの調理現場を束ねる26歳の現場リーダーである．部下には10人のパート女性従業員がいて，彼の高圧的な態度にいつも職場のトラブルが絶えない．不満をつのらせて辞めていく人も多いため定着率が低く，尾崎工場長は一度しっかり中山主任と話し合わないといけないと思っている．

今日も勤続7年目の仕事の良くできるパートのTさん（48歳）から辞めたいという申し出があったばかりである．

尾崎：昼休みにTさんが辞めたいと言って来たよ．
中山：そうですか．私のやり方に反発ばかりするんで，昨日辞めてもらってもいいよって，売り言葉に買い言葉で言ったんですけど，本当にそう言ってきたんですか．
尾崎：これ以上は中山主任にはついて行けないって言ってたよ．
中山：Tさんはほとんどの仕事を覚えており，新人のパートさんも指導できるほどだから，本当は辞められると痛いなあ．
尾崎：先月の改善発表大会でも金賞をとったくらい仕事に熱心だから，中山君としても困るわなあ．原因は何だったの？

＜ポイント＞
能動的傾聴でオウム返しを繰り返しながら，中山主任の本音を探る．

中山：調理の仕事では私よりも経験が長いので，何でも知っているんですよ．それだけに，私の方針や指示にことごとく反発して，ほかのパートさんの手前，私も威厳も示さなくちゃいけないし．でも，もう辞めるって言っているんだからどうでもいいじゃないですか，そんなこと．

尾崎：中山君よりも調理の仕事を良く知っていて，ことごとく反発されるんだ．**（能動的傾聴）**

中山：そうですよ．今回もコンサルタントのF先生の指導で，「毎回，毎回作業者の作業内容を変え過ぎるので不良品が減らない．できるだけ固定化しなさい」と言われたので，月曜日の朝礼でそのことを発表したら猛反発でした．
　調理の仕事は水や熱を扱うきつい仕事と，簡単な盛り込みのような楽な仕事があって，作業を固定化し過ぎるといつも楽な人ときつい人との不平等が出てしまうと言うんです．

尾崎：作業の固定化の話は会社の方針なのに反発されたってわけか．**（能動的傾聴）**
　あまりローテーションをやり過ぎるので工程内不良が減らないということがわかって，ほかの職場では徹底し始めているよ．ただし，きつい作業は改善で楽にしてやらないと不満が出るのは当然だね．

中山：そうなんです．できるだけ固定化チームでやった方がノウハウも蓄積できるし，責任も持てるし，さらには明日の作業計画も早い段階からわかるので，喜んでいる人も多いんですよね．
　そういうことも朝礼で説明したのに，まったく理解しようとしないんだから困ったもんですよ．

> ＜転換点＞
> この段階でもまだ中山主任は，問題なのはパートのＴさんであり，自分には問題がないと思っているので，質問を次から次へと繰り出して自責を気づかせる方向に誘導していく．

尾崎：何でＴさんはそんなに反対するんだい？　もっとほかに理由があるんじゃないかい？（質問）

中山：もともとＴさんと私はウマが合わないんです．私が受持ちを任されたこの春以来，ずっと私に反発してばかりいるんです．

尾崎：なぜだろうか？（質問）

中山：わかりません．でも前任者の池田さんとはとてもうまくいっていたようですよ．

尾崎：池田君とはどうしてうまくいっていたの？（質問）

中山：池田さんは，Ｔさんの言うことをよく聞いて任せていたからじゃないですか．私はそういうやり方は嫌いなんですよ．

尾崎：そうか，Ｔさんは中山君がいろいろ相談しないのを面白く思っていなかったんか．（能動的傾聴）

中山：私も初めて主任になって部下を持たされた職場ですし，私なりのやり方でやりたいんですよ．いけませんか？

尾崎：そういう気持ちをきちんとＴさんに伝えたことはあるのかい？（質問）

中山：ありませんよ．面倒だし，それに春以来，私を避けているんですから無理ですよ．

尾崎：このままでいいのかな？（質問）

中山：一度，Ｔさんの気持ちをしっかり聞いてあげないといけないってことですか？　やっかいだなあ．どうせ聞いてもムダでしょう．私には何にも話してくれませんよ．工場長が代わりに聞いてもらえませんか？（中山主任の本音）

【事例3】 聞く耳を持たない相手に話を聞かせる

> **＜ポイント＞**
> 中山主任の本音が出始めたところで，さらに相手の感情に訴えるような話をジャブのように出していく．

尾崎：なあ中山君，48歳のTさんが自分の息子と同じくらいの君に，一方的に指示されたり強圧的に命令されたら，どういう感情を抱いて仕事をやるんだろうかね．(**質問**)

中山：仕事だと割り切ってはいても，割りきれないところはあるんでしょうね．この若造がと思っていますからね．それに私なんかとは比べようがないほど，調理の仕事のことを何でも知っているから．

尾崎：うん，そうだと思うよ．頼って欲しいんだよ．

中山：もっともっと助けて欲しいと母性本能をくすぐらなくちゃいけなかったんですね．私はそういうのは苦手だけれど，とくにTさんは職場のリーダー的な存在なだけに，じっくり話し合って私の方針をわかってもらう努力をしなきゃいけなかったんですね．そういえば，今まで一度もTさんの気持ちを考えたことはなかったなあ．

尾崎：それで，今回の件はどうする？(**質問**)

中山：まず，謝ってみます．Tさんの気持ちを一度も考えたことがなかったって．それから，作業の固定化はどうしてもやりたいので，Tさんの助けを借りたいと，前向きな意見を引き出してみます．

尾崎：うん，それがいいね．
　　　Tさんには明日時間をとってくれるように言っておいたから，後は頼んだよ．

事例4　反発を和らげる

[対話のねらい]
年下の上司を軽んじて，言うことを聞かない古手の原工長を説得する．

[対話の背景]
　小池課長はS社(鍛造品メーカー)では若手のエースである．国立大学の冶金学科を卒業して入社以来，技術部門で数多くの難題をこなしてきた．社長は将来の製造トップにと考えて，今回38歳で鍛造課長に抜擢した．

　S社の中で鍛造課は中核部門のため，古手の従業員も数多く，原工長はその1人である．今年55歳になった原工長は，地元の工業高校を卒業した現場のたたき上げで，腕の良いことから仲間の信望も厚い．しかし，直情型の性格のためか，今まで上司と何度かぶつかっており，「小池みたいな若造は現場のことを何にもわかっていない」と仲間には言っているようである．

　取引先から2年間で20％のコストダウンを要請され，鍛造課ではこれまでの鍛造プレス1台に1人のオペレーターを配置する体制から，1人2台持ちへと大きく変えることとなった．そして，その反対の急先鋒が原工長である．

小池：一度，原さんとトコトン話し合わなければと思っていたんで，お忙しいところをすみませんが，少しお時間をください．

原　：何だい．俺は課長と話し合わなければならないことなんかないんだけ

ど，こういう忙しいときに面倒なことを言わないでくださいよ．

＜ポイント＞

　小池課長にとって，問題の本質は，原工長が自分を軽んじたり反発していることなので，まずその原因を探るために，自分の力不足な点，弱い部分をさらけ出して，自分の方から本音で対話を仕掛けていく．

小池：社長から鍛造課長をやれって言われて3カ月経ちましたが，課のみなさんの考えていることが全然わからなくって．このままでは工場長から特命指示されている1人2台持ちのスタートすらかけられない状態です．それでちょっと精神的に参っているんですよ．やっぱり私のような若輩者に鍛造課長は務まらないんでしょうか．

原　：何で俺にそんな話をするんだね？

小池：原さんは課の中で一番経験が長くて，鍛造のことなら何でも知っているし，みんなからも一目置かれている．私の欠点とか押さえどころをズバリと教えてくれるんじゃないかと思っているんです．助けを借りたいんですよ．

原　：俺は鍛造一筋に37年間やってきた．まだ会長が元気だった頃，よく殴られて，必死で鍛造を覚えたよ．とくにオイルショックのときは，コストダウン，コストダウンで死に物狂いでやってきた．そのがんばりがあったからこそ，会社はこんなに大きくなったと自負している．

　　　それなのに2代目の社長になってから，われわれの努力は忘れてしまったかのように，あまり現場の苦労を知らない若い人を課長にして，無理やり俺たちを押さえようとしている．課長には悪いけど，そういう面白くない気持ちをみんなも少なからず持っているんです．

小池：現場一筋37年．原さんやみなさんの気持ちはわかります．（**能動的傾聴**）

　　　だけど人事については，私にはどうしようもないことじゃないですか．

原　：そうじゃないんですよ．課長には現場の作業者の気持ちが全然わかっていないんですね．俺たちが飲みに誘っても一度もつき合わないし，朝礼ではわれわれの意見を全然聞かないで一方的な指示を出すし，いつも社長の方しか向いていないじゃないですか．

小池：私が課のみんなから浮いているというんですね．それに功ばかりあせっているということですか．**（能動的傾聴）**

原　：課長，現実を良く見てくださいよ．ウチの鍛造プレスはここ10年来更新していないので，稼動中の故障が増えてきています．金型だって，問題ばかりで，5分と打ち続けられないんですよ．
　　　一度半日でいいから私のプレスの前で見ていてくださいよ．停止ばかりです．いい加減頭にきますよ．俺たちの使っているプレスは今や異常の巣で，1日動かしているともうぐったりします．そういうことを知らないで，上の奴らは，という心境にもなりますよ．

小池：そうか．設備が古くなって，チョコ停やチョコトラに振り回されて苦労しているのに，私は現実をよくわかっていなかったということですね．**（能動的傾聴）**

原　：そういう現実を理解しないで，今回はコストダウンのために1人2台持てと言われても，誰も「ハイそうですか」という気持ちにはなれないんじゃないですか．

小池：なるほど．自分の至らない点がよくわかりました．言いにくいことを本音で言ってくれてありがとうございます．私は，現状も理解せず，具体案も示さず，自分の要求を一方的に押しつけていたってことですね．**（能動的傾聴）**
　　　そうすると，私はまずどうしたらいいんでしょうか．教えてください．**（質問）**

＜転換点＞
どうしたらいいか教えて欲しいという小池課長の求めに対して，原工長

> は「絶対に言うもんか」という態度を崩しませんでした．いかにして原工長から職場の真実を引き出すかがポイントだと思った小池課長は，次の手を打ちました．
> 　① 自分の弱点を話して全面的に原工長の協力が欲しいと訴えた
> 　② 原工長の職場のさまざまな不平不満を徹底的に聞き出した
> 　③ この日の夕方，原工長を飲みに誘った
> 数日を経て次の対話につながっていきます．

原　：しょうがないなあ．いいですか，まず，設備の計画的なオーバーホールをやっていかないといけないですね．ここ数年壊れたら修理するだけで，誰も社長に提案しないから．

　　　それに，金型が悪すぎる．生産技術の人間を2人ほど鍛造に常駐させて，金型の不具合箇所をすぐに改造できる体制をとるべきです．工程異常が発生し過ぎて，オペレーターは1日中気の休まるときがありません．

　　　今，旋削課を指導いただいているコンサルタントのH先生に鍛造も診ていただいて，異常対策に本気で取り組むべきでしょうね．その前に課長自身がもっとわれわれと腹を割って話し合う姿勢をとってもらわないと，うまくいきませんがね．

小池：この3カ月間，本当にこういう話し合いをやってこなかったものね．今の原さんの提案を一度班長以上で話し合って計画書をつくってみます．そして，それを工場長や社長に認めてもらえるように努力します．ところで2台持ちの方はどうですか？（**質問**）

原　：それは課長，設備と金型とシュート関係のトラブルが減って無人運転の時間が増えれば，簡単に1人2台持ちでも3台持ちでもできるじゃないですか．あとは課長がどれだけ上を説得してみんなを引っ張っていけるかどうかですよ．

小池：展望が開けてきました．ありがとうございます．一生懸命やります．私もこういう立場になった以上，どうしても言わなければならないことだってあります．それだけはわかってくださいね．
　　　ただ，私などまだ若造で，わからないことばかりなので，人一倍原さんたちにご迷惑をかけたと反省しています．これからは飲み会などにも誘ってください．絶対につき合いますから．
原　：何も課長に謝ってもらう筋合いはないですよ．
小池：本当は原さんに対抗する気持ちがあったんですよ．1人でやってみせるってね．これから半年ほど土曜，日曜なしになるかもしれませんが，助けてもらえますか．
原　：この会社はいつになっても人使いが荒いなあ．あっと，これは課長に言ったわけじゃないですよ．

〜〜〜〜〜後日談〜〜〜〜〜

　今回の対話で原工長が小池課長に対して聞く耳を持ち始めるきっかけになったことは事実である．小池課長は対話後即座に，土曜，日曜の2日間を使った研修会を持ち，職制全員に「現場の困ったこと」をすべて洗い出してもらい，役員会に提案した．
　最近では，現場の飲み会にもよく顔を出し，少しずつ古参の工長クラスに溶け込み始めた感がある．原工長との対話後，4カ月経って，鍛造プレスの多台持ちプロジェクトがスタートした．

事例5　無理を聞かせる

[対話のねらい]

無理だ，できないと必ず逃げる山下課長をヤル気にさせる．

[対話の背景]

　F社では，中堅管理職は従業員と経営側の両サイドからプレッシャーを受けてたいへんな役割を負わされることが多いので，比較的敬遠される傾向がある．とくに製造現場の課長は希望者が少なく，山下溶接課長もその1人である．現場からの突き上げと上からの圧力のはざまで胃潰瘍になり，半年前に3カ月ほど入院もしている．生来の消極的な性格もあって，「無理だ，やったことがない，できない」と逃げるばかりで，課の改革が一向に進まないのが現状である．

　F社がこの春の戦略商品として市場に投入した新製品が，溶接課の不手際で市場クレームを多発させ，結果的に期待したほどの成果があげられなかった．このため，市川生産本部長は溶接課の本格的な立て直しを迫られている．

市川：山下課長，今回の新製品の納期遅れと市場クレームの大半は，溶接課で導入すべき新工法があまり進んでいないことにある，という点について異論はないよね．

山下：たいへんな面倒をおかけして，申し訳ありませんでした．
　　　ただ私たちにも言い分はありまして，生産技術から出された計画は，現在のやり方の60％以上を溶接ロボットを主体とする無人化ラインに切

り換えるという内容で，計画自体も粗いし，これまで誰も経験したことがない方法だったので，作業者の抵抗が大きくて説得できなかったんですよ．

市川：そうだね．「現場の抵抗が大きくて，結局旧来の方法でやったために，生産能力が追いつかず，出荷遅れでお客様に迷惑をかけてしまった．さらに，作業を無理に追い込んだために溶接不良が多発してしまった」と報告書には書いてある．**（能動的傾聴）**
いったい，どうしてこういうことになってしまったんだい．**（質問）**

山下：いつもそうですが，生産技術から計画案が出されたのは出荷の2カ月前ですよ．溶接課は腕に自信のある職人集団で，ロボット化とか無人化にはたいへんな抵抗があるんです．そのうえ，テストラインでは全然計画通りにものができなかったんですよ．それで，新工法への不信感が増幅されて，こんなやり方では嫌だということになって…．
私もこれだけ小ロットの溶接作業をロボットにやらせるには無理があるという固定観念があって，急遽旧来のやり方でやってしまったものですから，こんな結果になってしまいました．

市川：山下課長ね，ウチの商品は10月から翌年の3月までが勝負なんだよね．営業所からあがってきた市場情報をもとに商品企画して，試作機を開発し，図面を描いて生産技術に図面が来るのは1月だ．それから生産準備して製造し，4〜5月に一挙にさばく．このサイクルに乗れなかったら商品はまず売れない．そうすると製造に与えられた期間は2カ月もないんだよ．25人の溶接作業者が1カ月半で600台の製品を溶接するなんて不可能なんだよ．だから生産能力をあげるためには，小ロットで，どんなに困難でも無人化ラインは必要なんだ．

山下：必要性はよくわかっていますが，私には部下を納得させられません．それに本部長に何と言われても，これだけ小ロットのものを無人化にするなんて，どのようにやるのか，あの計画書をいくら読んでも理解できません．溶接能力のアップという必要性は毎年叫ばれてきましたが，結果

的には何とかやっているじゃないですか．
市川：問題は部下の説得と，生産技術のつくった無人化ライン計画をどうやって具体的に進めるかという2点だね．そしてその両方ともどうやったらいいかわからないということだね．（能動的傾聴）
山下：そうです．だから私は今のやり方で，どうにか乗り切る方法を探したいんです．

＜転換点＞

ここで市川生産本部長は山下課長の管理能力を見極めた．ただし，すぐに溶接課長を交代させるわけにはいかないので次の手を打った．
　① 山下課長の守備範囲を狭めて限定した
　② 当面のヤマを乗り切るまでは自分自身が陣頭指揮をとることにした
　③ 生産技術部に応援を要請した
　④ 早急に次の溶接課長を育成することを決めた
このような手を打った後，「今のやり方を続けたい」という山下課長の提案には乗れないことを理解させるために次の対話を進めた．

市川：1つたとえ話をしていいかな．山下課長も乗っているT社のあの車ね，あれ初めて市場に出したときは1台当たりの工数が170時間かかっているんだよ．それがさまざまな競争にもまれて，今では12時間ぐらいでできるようになったそうだ．
　およそ45年間で生産性は14倍にもなっている．1つの商品を見ても，これだけの改革とか改善の積み重ねが必要なんだよ．この春に出した新製品についても，競合メーカーのK社も似たものを出してきて，こちらは市場の評判も良くて，すごく儲かったらしい．だから，溶接のやり方も日々変えていかざるを得ないことはわかるよね．
山下：よくわかりますが，私には力不足で…．

---<ポイント>---
　解決策をその場で作り上げることは無理なので，どうすれば解決できるかという自分なりの青写真を用意して対話に臨む．さらに，無理を聞かせる場合には，必ず自分が一緒に参加して，目の前で相手が「無理だ」ということをやって見せるようにする．

市川：いくらでも協力するよ，どうすればいい？**(質問ぜめ)**

山下：そうですねえ，まず頭の堅い連中に納得させないといけないですよ．これさえできれば，成功したも同然ですよ．何てったって，溶接のプロばかりですからね．
　一人ひとりとトコトン話し合いをやる必要がありますが，私1人ではどうも自信がありません．本部長もお忙しいとは思いますが，私と一緒に時間をとっていただけませんか．
　それから，生産技術は計画書をよこすだけで，説明もなくテストラインを組んでしまうのですが，われわれは具体的なやり方が理解できないので，自分たちでは取り組めないんです．1カ月ほど手取り足取りで指導して，「必ずできる」という結果を見せてもらえないと，抵抗感はなくなりません．本部長から生産技術部長に頼んでもらえないでしょうか．

市川：わかった．時間をとるから，この機会に一人ひとりと徹底的に話し合おう．それから，生産技術部長には無人化ラインが動き出すまでスタッフを常駐させるようにすぐ指示する．いい機会だからほかにも困っていることがあったら聞かせてくれないか．**(山下課長のヤル気を引き出す誘い水にする)**

山下：生産技術の力が落ちています．彼らがつくってくる溶接治具には現場サイドでは使いにくいものばかりです．だからわれわれには生産技術の連中に対する反発もあるんです．

市川：薄々感じていたが，どうしたらいいかなあ．**(質問)**

最近の生産技術スタッフは学卒者ばかりを集めてしまって，ろくに溶接技術を知らないヤツばかりになってきたからなあ．

山下：2つ方法があります．1つは定年退職で辞めた人の中にもいい腕の治具屋さんが何人かいるんです．ああいう方にもう一度来てもらって，イロハから指導し直してもらったらいいと思います．それからこの前，生産技術を専門に指導しているコンサルタントの方からお聞きしたところ，新人を10人ほど1年間指導すると，3〜4人くらいはいい治具ができるようになるそうですから，そういう指導を受けたらいいと思います．

市川：よく検討して早急に結論を出すよ．山下課長は溶接の腕は25人中ピカ一だ．それは誰もが認めている．それから溶接作業の標準化ということで，誰がやってもできるようにと，作業要領書をコツコツと書き溜めていることを私はちゃんと知っているよ．むずかしいことはいくらでも支援するから，一緒にがんばってくれよ．

山下：本部長にそう言われれば，逃げられないですね．

---＜ポイント＞---
無理を聞かせる対話では，この謝意と励ましがとても重要になる．

事例6　自分勝手に気づかせる

［対話のねらい］

自分の考えに固執して，異なった考えはたとえ上司の指示でも受け入れない長沢係長を説得する．

［対話の背景］

長沢係長は東京の一流国立大学を卒業して，大手食品メーカーで商品開発を担当していたが，家の都合で27歳のとき実家に呼び戻され，現在地場の小さな食品メーカーのY食品に勤務して3年目である．そのY食品では生産技術を任されているが，かなりの自信家で，自分の考えに固執して他人の意見を容れないところがあるため，上司にとっては使いにくく，職場でも孤立している．

とくに，社内行事は仕事とは無関係という固い信念を持っており，一切の妥協もしないので，たたき上げで苦労人の杉山副社長は能力は認めるものの，こういう態度を改めない限り地方の小さな会社では使いきれないと，常々思い悩んでいる．

今年は重要顧客の1社がヒット商品に恵まれ，その生産委託を受けているY食品も超繁忙が続き，計画以上の業績を達成したので，忘年会は温泉旅館を借り切って豪華にやることになった．ところが，この忘年会にも長沢係長だけが参加しないことがわかり，杉山副社長は今日こそはと話し合いの機会を持った．

杉山：長沢君，今度の忘年会も君1人だけ参加しないそうだな．
長沢：ええ，会社は仕事をやるところで，私はそれ以外のつき合いをやるのが嫌なんです．

【事例6】 自分勝手に気づかせる　119

―＜ポイント＞――――――――――――――――――――――
　能動的傾聴を繰り返して，まずは相手の言い分をじっくり聞く．

杉山：そうか，会社は仕事だけをやる，無味乾燥なところというわけか．（**能動的傾聴**）
長沢：はい．私は，8時から17時まで全力投球で会社との契約を果たせば，それ以外のドロドロした人間関係は無意味だと思っています．
杉山：長沢君は忘年会をベタベタした無用の人間関係と考えているんだね．（**能動的傾聴**）
長沢：はい．どちらかと言うと，仕事のできない人ほどそういう人間関係に甘えるものだと軽蔑しています．
杉山：そうか，会社の仕事は能力さえあれば定時にこなせるものだ，と思ってるんだね．（**能動的傾聴**）
長沢：そう思います，残業をやるのは仕事のやり方が悪いからで，会社以外で飲んだりするのは人間関係に頼むところがあるからだと思います．

―＜ポイント＞――――――――――――――――――――――
　必ず説得しようとあせるとお説教ととられ，かえって逆効果になるので，長沢係長の意見をできるだけたくさん引き出すようなたとえ話を投げかける．

杉山：長沢君なあ，営業の連中は極端に言うと，24時間仕事をやっているようなものだよ．製品トラブルが発生すればいつでも呼び出され，それ飲み会だ，ゴルフだ，また商品開発の情報を他社より先に仕入れるにはど

んなことだって嫌とは言えない．今，わが社の屋台骨を支えているR社は，私が12年前に2年間かけてルートを作ったんだが，担当役員に会ってもらうだけでも半年間かかった．彼のいきつけの飲み屋で待ち伏せし，果ては早朝に自宅まで押しかけた．やっと会社に来いと言われたときには天にも昇る心地だったことを覚えている．
　これはウチの開発の連中も同じことで，新規品の立ち上げが重なるときには，会社に寝袋を持ってきてやっている．このように，仕事には時間で割りきれないものがたくさんあるんじゃないかな．**(質問)**

長沢：現実にはわからないこともないんですが，私は私のやり方でやりたいんですよ．

杉山：長沢君は仕事というものをどのように考えているの？**(質問)**

長沢：会社との契約があって，これだけやれば対価として給料いくら払います，という契約関係だと思っています．さらに，就業規則があるから決められた時間内にどのように契約内容を果たすか，ということだけを考えて全力投球すればいいと思っています．

杉山：長沢君なあ，契約関係と言うけれど，会社が生産技術係長である君に求めていることは実際は非常にあいまいなものだ．具体的に言うと，当社の生産技術を評価して，競合メーカーに負けないように強化プログラムを作成して，一つひとつ実現して行くというようなもので，あいまいきわまりない．

> **＜ポイント＞**
> 長沢係長自身が自分の主張の矛盾点に気づかないかぎり，相手はこちらの話に聞く耳を持っていないので，自分の経験談や相手の考え方を変えるきっかけになりそうなたとえ話を投げかける．

杉山：工程設計や設備改造，治具設計といった仕事のほかに，会社が長沢係長に期待している仕事というものは，ある意味では自分で創り出していく

部分も大きい．当社はまだ地場の中小企業だけど，競合メーカーより強い生産技術力を持てば持つほど規模も大きくなれる．そのためには，今ある仕事をこなすだけではなく，みんなが仕事を創っていかないとダメなんだ．

そして，組織が力を発揮するには，何よりもチームワークが大事なんだ．全員参加で忘年会をやる意義もあるんじゃないかな．よく野球にたとえられるけれど，センターとライトが境界線をつくってしまうと必ず敵のヒットを増やしてしまう．センターでもライトでもドンドン相手の守備範囲に入っていくようでなければ，強いチームにはなれない．強いチームの監督はそこの仕掛けがうまい．

＜転換点＞

頑なに自分の考えにこだわる長沢係長に，「これまでの考え方を変えよ」と迫る対話ですから困難を極めた．この対話をやりながら杉山副社長は内心次のような選択肢を頭に描きながら転換点に臨んだ．

① 徹底的な理詰めで長沢係長の考え方を変えさせる
② どうしても考えが変わらなければ系列のS社に配転させる
③ 「君はわが社の社風に合わない」と退職勧告もやむを得ない（もっと違う道で能力を伸ばして欲しい）
④ 誠心誠意で感情に訴えて少しでも妥協させられれば成功

この間5回ほど，延べで20時間くらい対話を実施し，結局④の展開になり，最後は杉山副社長の熱意に根負けした，という形で次の対話に続く．

長沢：そうでしょうね，よくわかります．私もあまり自分の狭い考え方にこだわりすぎてはいけないよ，と副社長がおっしゃっていることがわかります．

杉山：長沢君の理屈には誰もかなわない．その頭脳で一度ウチの生産技術のど

こに問題があって，どうすれば業界一のコスト競争力を実現できるかをまとめてみてくれないか．食品のトップメーカーから競合メーカーまでいろんな手段を使って調べ上げてくれ．

長沢：面白いテーマですね，ルーチン業務の合間を見つけて，ここ半年くらいのうちにやってみます．

杉山：なあ長沢君，一部の大手企業を除くと食品業界は遅れているよ．ものづくりの考え方一つとっても未だ標準化が遅れて，カン・コツ・ケイケンが幅を利かせているところが多い．経営の基本的な考え方だってブランド・表示の偽装発覚に見られるように，問題も残っている．だから競合メーカーより少し進んだことをやれば，すぐにトップに立てる．それには長沢君の優秀な頭脳が必要だ．これからはドンドン若い社長に提案してやってくれよ．

長沢：少し依怙地になっていた自分が恥ずかしいです．今回から忘年会には参加します．今までわがままを通してすみませんでした．

杉山：そうか，それはよかった．忘年会は盛大にやろう．
　　　それから，1カ月に一度調査進捗状況を報告してくれないか．それに，私の力が必要なときは遠慮なくいつでも言ってくれ．私の話につき合わせて悪かったね．じゃあ，よろしく頼むよ．

事例7　ヤル気を引き出す

[対話のねらい]
仕事に自信を失っている中村係長のヤル気を引き出す．

[対話の背景]
　中村係長は文系の大学を出て，現在のガラス製造会社へ就職した．母親の強い勧めで，社長に無理やり頼み込んで入社した経緯がある．入社後数年はサークル活動やクラブ活動に積極的に取り組み，如才なさと頭の良さから幹部に可愛がられて，同期の中ではトップで係長になった．

　しかし，20人近い部下を持ち，ビンの加工(印刷)部門を任されてから次第に評価が変わってきた．部門の収益性は下がる一方であり，クレームや人間関係のトラブルが頻発した．上司も資質に疑問を持ち始め，本人も適性に揺れ始めてきた．

　中村係長の職場から大量の顧客クレームが発生し，同じ頃，長年勤めてきた熟練社員のY子さんが係長に反発して辞表を出してきたのを機会に，桜井部長自ら話し合いを持つことになった．

桜井：最近，元気がないようだね．
中村：大量のクレームとY子さんの件が重なって，どうしてよいのかわからなくなってきたんです．
桜井：そうだね．ここ1～2週間，問題が重なり過ぎたからねえ．
中村：自分では一生懸命やっているんですが，何しろ結果が伴

わなくて…．K社のクレームも細かな印刷ミスの見逃しだし，Y子さんが突然辞めると言ってきたのも理由がはっきりしないし．

桜井：原因を追究してみたの？

中村：はい．クレームは検査員が自分の判断で，これくらいはいいだろうと流したものがK社の受け入れ検査で引っ掛かったのです．判断に迷ったら必ずラインを止めて私のところに聞きに来ることになっていたんですが，どうもルールがだんだんルーズになってきちゃって．

　　　Y子さんは，先日新製品が流れ始めたとき，私が強引にやらせた手順に不満を持っていたようです．しかしあれほど仕事熱心なY子さんのことだから，辞めるにはもっとほかの原因があるのかもしれません．

桜井：クレームは検査員の標準不履行が原因で，Y子さんの件は原因がわからないのか．（**能動的傾聴**）

　　　ところで最近，いったい何を悩んでいるんだね．

中村：ものづくりは，一つひとつレンガを正確に積み上げていくことが求められるんですよ．詰めの甘さを調子よく世渡りでカバーしてきた自分のウイークポイントがすべてつかれてしまうんです．

　　　最近，この仕事は自分には向いていないんじゃないかと思い始めたんです．つき合っている彼女はこの仕事を辞めて私の長年の夢だった料理人になることを勧めるし….

桜井：そうか，自分の適性に悩んでいたのか．（**能動的傾聴**）

中村：仕事の区切りもいいので，来月いっぱいで辞めようかなと思っているんです．

＜転換点＞

ここが大きな転換点である．中村係長が「いいガラス屋になる」素質を見抜いている桜井部長は，できればこのままガラス屋の道を歩ませたいという気持ちのうえで，中村係長の本音がどこにあるのかを探らなければならないと思った．

> ① 本当に料理人になりたいのか
> ② 単に現在の仕事に自信を失っているだけか
> ③ 「俺についてこい」と励まして欲しいのか
>
> を確かめるために自分の体験をいくつか投げかけることにした．

桜井：2つ話をしてみたい．

　　　私も若い頃はデザイナーになりたかった．だけど美術大学を2回失敗して，経済的に追い詰められて窯業に落ち着いた．結局ガラス屋になっちゃったけれど，中村君と同じように会社に入って数年はずいぶん揺れたよ．嫌なことがあると必ずデザイナーになっていれば，こんなことやらないで済んだのに，って．

　　　その頃たたき上げのAさんに出会ってね．Aさんはガラスのことを何でもよく知っているし，本当にガラスが好きなんだ．そして何かあると必ず「ビンの胴のへこみはなぜ起きるのか」，「絵の具が一番のりやすいビンの温度はどれくらいか」，「絵の具の粘度はどうやって計るのか」など，自分は全部知っているくせに次々に質問して私を困らせたんだ．

　　　Aさんとは一緒に飲みに行ったり，釣りにも行ったりして好きだったから，一生懸命調べて勉強した．おかげで，数年するうちに私もいつしかビンの博士になっちゃった．そのうちにビンの製造屋もいいかな，と思うようになったね．

　　　それから料理人のことだけど，本当に一流の料理人はものすごく正確なレシピをつくれないといけない．さらに身体に正確な秤を植えつけるには厳しい反復練習が欠かせない．もちろんフランス料理ならフランスに行って本場の料理を体感しないと微妙な味が出せない．ガラス造りも料理人も深さと正確さには変わりがないと思うよ．本気になればどっちも楽しい．

（中略）

> 中村係長の生い立ち，家族のこと，恋人のこと，人生の夢，悩みなどを徹底的に聞き出し，会社での評価についても話し合っている．中村係長をトコトン研究したうえで，彼の本心は②と③にあると読んで，彼のヤル気に火を灯すような「たとえ話や経験談」をかなりたくさん行った．

中村：そうか，私は逃げていたんですね．

桜井：少し個人的に指導するから，もう少し頑張ってみないか？　どうしても料理人になりたかったら，転進するのも一つの生き方だと思う．だけど，一流になる道はガラス造りも変わらないはずだ．もっと緻密に深く取り組んでみたらどうだろうか．ぜひガラスの面白さを教えたい．

中村：お願いします．

桜井：わかった．まず検査員がなぜ自分で判断してしまったのか，『A-KOMIK』（エイコミック）という人為ミス未然防止法の本を読んで，決めごとを守らせるやり方を研究しよう．

それから，Y子さんには彼女の立場になって，自分のどこに不満があるのか，聞いてみたらいい．何を言われても絶対に怒らないことだよ．

もう1つ，係長の遅刻は職場のモラールを最も下げていると思うから，今日の帰りに目覚まし時計を3個ほど買って帰ることだ．

中村：わかりました，やってみます．

桜井：3日後に，やってみた結果を相談してくれ．仕事が終わって午後7時から，私のところへ来てくれるかね．

中村：はい．**（表情を確認）**

桜井：ウチは技術も高いし，取引先にも恵まれているから，これからも必ず伸びる．すぐに中村君たちの時代になる．リサイクルの効くビンは環境にもやさしいしね．君にはビン造りのプロになって欲しいんだ．

中村：ご心配をおかけして，申し訳ありませんでした．

---<ポイント>---
　自信をなくしたり，ヤル気がなくなってきた相手には，励ましや勇気づけの言葉で締めくくることがとくに大切．

第5章　対話のヒント集

「自分の本性を抑えて部下に不満を抱かせず，ヤル気を削がないように説得する」，これがPASPASの基本となる考え方です．つまり，PASPASは，自分の求めの半分は妥協して，部下の求めを受け止め，部下の求めに合わせた言葉のキャッチボールを繰り返し，部下の考え方や行動を自分の意図した方向にリードしていく対話法です．このため，相手の本性を受け止める訓練と自分の本性をセルフコントロールする訓練を必要とし，最初は非常に違和感があり，無理をしなければなりません．

このPASPASを，第3章に示す訓練法で身体が覚えるまでひたすら訓練します．失敗しても挫けずにトコトンやり抜いているうちに，無理が消えて，対話を楽しめるようになります．このとき管理者の皆さんは，たくさんの欠点のある部下そのものを丸ごと受け入れ，どんなに本性をぶつけてきても，「ああ，本能のままに行動してかわいいものだ」と思えるほど包容力が開発されているはずです．

このように，一般的な「対話」という観念を超越して，「好きなことをやっている」という感覚になると，むずかしい問題にも部下のためにどんどんチャレンジしようと思うようになります．しかし，実際に部下と対話を進めているといろいろな壁にぶつかるはずです．その壁を突破するためのいくつかのヒントを紹介します．

ヒント1　対話は適した時間帯に仕掛ける

原則的に，上司が部下に仕掛ける対話は，部下からみると好ましいものではありません．だから部下の受け入れやすい時間帯を見計らって仕掛けるのがポイントです．朝一番で，部下が「今日はこれをやってしまうぞ」と，ヤル気満々の時間帯に，対話を仕掛けられたら，部下の気持ちはどうでしょうか．昼休みに友達とおしゃべりしようと思っているところへ，「昼休み，ちょっと時間をくれ」と上司に言われたら，部下はどういう気持ちになるでしょうか．

このように部下と対話をしようと思ったときには，次の点に留意してみた方

がうまくいきます．
- 朝は批判精神が旺盛なので，あまりこちらの意見に耳を傾けにくい
- 部下が気になっている仕事が取り込んでいるときは嫌がられる
- 約束事がある日はできるだけ避ける．強行しないこと
- 昼休みに時間をとらせると，部下の不満が残る
- 「少し話がしたいけれど，何時がいいかな」と都合を聞いてみるなど，アイドリングを入れることが大切
- 部下に都合さえなければ夕方が一番上司の話を受け入れやすい

　誰でも月曜日の朝は，「トラブルなくスムーズに立ち上げたい」という気持ちを少なからず持って出社してきます．この時間帯にむずかしい問題を持ち込むのは損なやり方です．上司に決裁や，相談を持ちかけるのも同じで，朝方は徹底的に吟味されますし，なかなかOKを出してもらえないものです．

　ヒトラーは民衆を先導するのに必ず夜を活用したと言われています．人は夕方になると思考力も弱まり，暗闇が母の胎内の安心感にもつながるので，1日の中で一番相手を受け入れやすくなるのかもしれません．このように，対話を仕掛けるときには，部下が最も受け入れやすい時間帯を研究して仕掛けることがとても大切です．ただし，緊急時にはこの考え方は通用しません．

ヒント2　対話の姿勢に気を配る

　「部下のために何かをやってあげたい」，「部下を活かしてやりたい」という気持ちで対話に臨めば，まさにそれは部下にとっては本性をぶつける必要もなく，常に「好きなことは一生懸命やる」というプラスの本性に働きかけられる対話になります(理想形)．これがまさに④→←④の対話なのです(図1.1, p.23参照)．

　さて，気持ちは「相手のために」となっても，具体的な態度や行動が気持ちに伴っていないと，気持ちとはうらはらな結果になってしまいます．そこで，対話の基本的な姿勢を確認しておきます．

まず，話の聞き方です．良い聞き方は「能動的傾聴をしながら相手の気持ちになって熱心に耳を傾ける」ことですが，次のような聞き方は相手の立場になって話を聞く態度としては問題があります．対話は30分と持ちません．
- 腕を組んだり，足を組んだりというような「尊大な聞き方」
- 相手の目を見ず，聞いているかどうかわからない聞き方
- 他の作業をやりながら聞く

座り方も，会議室などで真正面に向き合うと非常に圧迫感を感じます．したがって，お互いの視線が少しズレるように，角度をつけた座り方を意識します．円卓などはこの点に配慮された設計になっており非常に使いやすいと思います．

また，やり取りの中で，
- 大切な言葉は少し小さな声にすると心に残りやすくなる
- 勇気づける言葉は大きめの声にする
- 相手が好んで使う言葉をできるだけ使う
- 相手が理解するまで少し間をとる

など，メリハリをつけることもポイントです．

ヒント3　相手のことを知る

対話を始めるためには，相手を知ることがスタートです．まず相手を知り，相手を引き立たせてやる，という手順を踏まないと，いくら一生懸命に対話をやっても，こちらの言うことを聞いてくれません．

相手が言うことを聞いてくれないのは，相手に対する理解が浅く，対話のやり方が間違っているからだと考えてくだ

さい．

表 5.1 は，漫然として捉えどころのない相手を知るための質問リストです．

こういった質問リストを用意し，相手の気持ちを気遣いながら，ジャブのように投げ続けて，相手の反応した項目をチェックしていきます．

次に，関心を示したテーマを絞り込んで，さらに質問を仕掛けていきます．

つまり，相手を知るためには，「できるだけたくさん相手にしゃべらせる」ということです．

ヒント4　沈黙を上手に乗り切る

対話のきっかけをつくろうと一生懸命に部下にしゃべらせようとしますが，上司の努力に反して部下はなかなか重い口を開いてくれません．部下に何かしゃべらせようとすればするほど，「なぜ，しゃべらないのか」というお説教になってしまうので注意が必要です．

言葉の少ない相手にしゃべらせるには次の2つの方法を試してみてください．案外とうまくいきます．

① 不満聞き出し法

人は誰でも何かを求めているので，それを「あなたの求めは何ですか」と直接聞くのではなく，「今，不満に思っていることは何ですか」と質問するやり方です．「不満」こそ形を変えた「求め」なので，相手の考えていることがだいたいわかります．「不満」は誰でも抱いており，重い口を開かせ，不快に思うこと，不便を感じていること，不安に思うことなど，部下の主観的な不満が次々に出てきます．ただし，これらの不満はあくまでも主観的なものなので，深入りすればするほど解決の道筋が見えなくなってしまいます．あくまでも「きっかけづくり」のための端緒と位置づけ，できるだけ「聞く」姿勢を大切にして，一緒に悩んだり，共感してやる程度に留めます．

部下の口が滑らかになった頃合を見計らって，不満の方向を具体的な仕事の

表5.1　相手の人生の中での仕事の位置づけとウエイトを知る

- [ ] なぜ○○会社に就職したのか
- [ ] ○○会社の気に入っているところは
- [ ] いまの仕事は自分に向いていると思うか
- [ ] 他にどんな仕事の経験があるか
- [ ] この仕事をずっとやりたいか，ずっとやってもいいと思うか
- [ ] やってみたい仕事があるか
- [ ] 友達同士で仕事の話をするか，どんな話をするか
- [ ] 学生時代は何をやっていたか
- [ ] 友達はどんな仕事をしているか
- [ ] 休日は何をしているか，趣味は何か
- [ ] △△△についてどう思うか
- [ ] あんなふうになりたい，ああいう生き方がいいな，と思う人がいるか
- [ ] 毎日楽しいか，充実しているか
- [ ] これさえなければいいのに，これは苦手だ，と思うこと
- [ ] 上司に言われて「カチン」ときたこと
- [ ] 家で父親とどんな話をするか(最近したか)
- [ ] 今楽しみにしていること
- [ ] どういうことが好きで，どういうことが嫌いか
- [ ] 会社で困ったことがあったら誰に相談するか
- [ ] 社長に「今の2倍働いてくれ」といわれたら何と答えるか
- [ ] 今一番欲しいもの
- [ ] そのためにどんなことをやっているか
- [ ] 最近やってしまったミス＆トラブル
- [ ] 仕事の中で自分が能力不足だと感じていること
- [ ] 今自分が一番勉強してみたいこと
- [ ] 将来の夢を3つあげて欲しい
- [ ] 人生でやってみたいことを30あげて欲しい
- [ ] 何のために働いているのか

方に向けていきます．どうやって解決するかを話し合い，上司にとって手の打てることであれば解決の道を約束します．その結果，部下はやっと「本気で話を聞いてもいいかな」という姿勢に変わってきます．

なお，不満を聞き出すためには，「この上司には何を話しても大丈夫」，「他の人に話の内容が伝わらない」というように，信頼関係がベースになっています．他言無用の原則は貫いてください．

② 代理人法

相手に自分の気持ちを伝えるには言葉で表現するしかありません．しかし，言葉の少ない人は，自分の考えていることや感情を「言葉という記号に転換して相手に伝える」ことが苦手なのです．こういうタイプの相手には，重い口を開いてやっとしゃべった一言に対して，「今あなたはこういうことを言いたいんじゃないか？」とか，「そのときの気持ちはこんな感じじゃない？」というように，自分が相手の代理人になって，本人が表現したいあいまいな考えや気持ちを言葉に置き換えて表現してやるのです．つまり，本人の考えを言葉で表現する手助けをするということです．

こうやって相手のヒントになるような言葉の投げかけを次々にしていくと，「それはちょっと違う」とか「その感じの方が近い」というように反応してきます．上手に代理人になれると，相手は，「私のことをわかってくれた」と満足度が高まり，その後の話を素直に聞けるようになります．

もう少しレベルをあげて，オウム返し話法でもこの代理人法が使えます．単純に「苦労したんだね」と受けるのではなく，「私も○○プロジェクトで同じ苦労をしたから，あなたの気持ちがよくわかるよ」というように使うのです．すると共感度が高まり，心理的距離がぐっと縮まります．ただし，こちらは技術者には技術者の，女性には女性の，若者には若者の気持ちにふさわしい表現が必要になるので，日頃の勉強が求められます．

ヒント5　考えさせる質問をする

　質問しても的外れな答えばかり返ってくることがあります．こういうかみ合わない対話を続けていると，上司は「何とかわからせたい」とするあまりお説教になってしまいます．また，部下は，「ちっとも自分をわかってくれない」と不満を持ち，「対話とはつまらないもの」という考え方が定着してしまいます．

　質問に的外れな答えをするのは，相手の質問の意図をまったく考えずに，感覚的に条件反射で頭に浮かんだことを答えてしまうためです．対話の始めはまず相手のことを知ることですが，人は意外と自分自身についてわかっていないところがあります．こういう段階で相手の反応に合わせて，「売り言葉に買い言葉」式に応じてしまうと，その場の勢いで思ってもみない結論が出てしまうことがあります．

　したがって，まずできるだけ対話の相手にふさわしい質問の内容とやり方をデザインし，自分自身に気づいてもらうことがポイントです．次に2つの方法を紹介します．

①　「夢」を聞く方法

　ジェネレーションギャップがある場合や何を考えているのか皆目検討がつかず，つかみ所のない相手に有効です．

　まず，夢や希望をリストアップしてもらいます．そして，それに優先順位をつけてもらいます．そのリストをもらってから対話を始めます．

　そして，「君の夢と，今やっていることは，ここが結びつかないね，なぜだろうか？」とか，「仕事に関することはこのリ

ストにないけれど,どこに入るのかな?」というように,部下が言ったことを必ずこの「夢リスト」と結びつけて確認してやります.

あまり深く考えてリストを作成していないので,ある時点で,いま言った自分の発言と辻褄が合わなくなってきます.自分で自分の矛盾に気づいてはじめて,素直にこちらの話を聞くようになります.

② 質問ノート法

ある程度問題が絞り込まれている相手に有効です.「本人に気づかせたい点」をもとに,できるだけ考えさせて本人自らの気づきを引き出すような質問をリストアップします.**表5.2**は,監督者としての自分の役割に気づかないA係長のために作成した質問ノートの事例です.

作成したリストにもとづいて対話を進めますが,聞き出した内容をメモにとることがポイントです.質問が全部終わったら,メモを見ながら振り返ります.こうやって自分の発言内容を自分自身で振り返させることにより,目標と現実にやっていることの矛盾,やらなければいけないのにやれていない矛盾,部下には求めているのに,自分が上司の求めに応えていない矛盾など,さまざまな矛盾が明らかになってきます.

このように,質問を投げかけて考えさせることにより,上司が指摘したいと思っていることに,部下が自分自身で気づいてくれると対話がスムーズに進むようになります.

ヒント6 「ものの本質」に迫る

今の学校教育は知識偏重で,「自分で考える」ことを教えないという問題があります.だから若い管理者などは,マネジメントの勉強や最先端の知識は大変なものがありますが,それをもとに自分が何をやるべきか,という肝心なことになるとわからなくなってしまうのです.考える力が弱いと,上司に言われたことだけしかやりません.また,対話をしていてもほとんど「指示」を待つ

表5.2　質問ノート

対話の相手	○○ラインA係長
本人に気付かせたい点	監督者の役割

	質問項目
1	自分の今年の目標は何か，その理由は？
	メモ：
2	自分をどのように分析しているか？
	メモ：
3	社内で目標にしている人は誰か，その理由は？
	メモ：
4	係長の守備範囲は(具体的に)？
	メモ：
5	いま，できていることと，できていないこと
	メモ：
6	部下に何を期待しているか(個人別に)？
	メモ：
7	それをどのように指導しているか？
	メモ：
8	上司から信頼されるとはどういうことだと思うか？
	メモ：
9	自分の信頼度はどの程度か(上司別に)，なぜそう思うのか？
	メモ：

ているだけなので，「これをやってくれ」，「はい，わかりました」と簡単に返事をします．部下があまりにも簡単に納得してくれた場合，具体的なことはほとんど何も考えていないと思って間違いありません．

とくに「問題解決を話し合う」対話では，問題の本質を共有できないと，考

えの浅いすぐに再発するような対策がとられるだけに終わってしまう恐れがあります．したがって，「なぜなぜ」と，本質に迫るまで質問ぜめすることがポイントです．

　例えば，「機械が故障したので，工程が遅れた」というトラブルは実によくあります．機械が故障したというのは工程が遅れた表面的な原因ですが，根本原因ではありません．しかし，深く考えないと「○○を交換修理した」というのが対策になりがちです．この事例の場合は，「機械は長く使えば故障する」ということがものの本質です．したがって，この本質について議論せずに，いくら交換修理を繰り返しても機械故障による工程遅れはいつまでもゼロにはならないということです．

　上司は議論が間違った方向に展開しないように，つねに「問題の本質」は何かを頭に置いて対話のストーリーを描くことがポイントです．そのうえで，深くものごとを考えるように質問ぜめ話法を活用して部下を追い込みます．

　上記の事例の場合，
- 設備の定期点検・日常点検はどうなっているか？
- 消耗部品の交換基準は決まっているか？
- その機械の管理責任者は誰か？

というように質問し，「設備管理に予防保全の考え方がなかった」という根本原因を共有させます．

ヒント7　比喩表現を使う

　新年の社長あいさつが終わった後，1週間ぐらい経ってからあいさつの内容がどの程度理解されているのか階層別にチェックしてみると面白いことがわかります．末端の従業員レベルの10人に聞いてみると，ほとんど8～9人までが正確に理解していないことがわかって愕然とするはずです．

　社長が役員や部課長レベルに話す内容は，概念がむずかしかったり，末端レベルには実務と直接結びつかない抽象的な内容が多いのでしかたのないことで

す．むずかしい内容の話を 100％正確に理解してもらうためには，相手の身近な事柄にたとえて話をすることがポイントです．

例えば，パートの女性従業員さんに「改善」の話をする場合は，家事にたとえて説明すると案外簡単に理解してもらえます．これが比喩表現ということです．「人と機械を分離する」というむずかしい概念でも，炊飯器の話をすれば「なんだそういうことか，いつもやっていることじゃない」となります．炊飯器でごはんを炊く場合，セットしてスイッチを入れてから炊き上がるまでの間，ずっと炊飯器を見ている人はいませんよね．他の仕事を同時並行でやっていますよね．人と機械を分離するとは，炊飯器と同じように，機械にずっと人がついて見ていなくても，ちゃんと加工ができて，加工が終わったらブザーで知らせてくれるようにして，その間作業者は別の仕事ができるようにすることですよ，と説明します．

現場で使える比喩表現の事例をいくつか紹介します．

- 見える化　　⇒　「道路標識」のようなもの
- 改善　　　　⇒　「畑の草取り」のようなもの
- 情報　　　　⇒　「身体の血液」のようなもの
- 維持　　　　⇒　「クルマのジャッキ」のようなもの
- プロセス管理　⇒　「風が吹けば桶屋が儲かる」のようなもの

　　※風が吹いてほこりが舞って，ほこりが目に入って目を痛める(悪くする)人が増える．するとマッサージ師になる人が増えるので，三味線がたくさん売れる．三味線用に猫が殺されて，鼠が繁殖し，風呂桶が鼠にかじられて，結局桶屋が儲かるということわざ．

このように，ものごとの本質をつかんで，それを相手の身近な事柄に置き換えて話すと，どんなむずかしい概念でも，わりと簡単に，間違いなく理解してもらえます．

ヒント8　たとえ話を集める

　どんな人でも「本音と建前」，「表と裏」の顔を持っていますので，建前や表の顔についての話は比較的聞き流しやすいものです．しかし，本音の話や裏話は多くの人が興味を持って聞きます．とくに，人を助けた話，真実の生き方をしている話，苦労を重ねてうまくいった話などの実話は，人の心に訴えるものです．

　こういう話は，その気になって問題意識を持って探さないと，なかなか集まりません．「人を感動させるいい話」に出会ったら，インターネットですぐにメンバーに知らせ合おうというサークルもあるほどです．筆者らも，現場で体験したり，社内報や雑誌，新聞の読者欄，インターネットなどを活用して，「いい話」を集めて「美談ノート」にファイリングしています．暇な時間があれば，図書館に行って，地方紙の読者欄を隅から隅まで読んだりします．

　日頃からそういう実話をたくさん集めておいて，対話の「転換点」などで，「たとえ話」として活用します．人は感情に動かされやすいという本性を持っているので，感情に訴えるという点で有効に作用します．対話がうまくいく度合いは，この「たとえ話」をタイミング良く，的確に投げかけられるかにかかっていると言っても過言ではありません．それほど重要な要素です．

ヒント9　反対意見を取り込む

　職場のバラバラで勝手な意見を集約して1つにまとめていくにはリーダーに対する信頼関係が大切です．一般的には，バラバラな意見を層別して，大きなかたまりの意見にまとめあげ，それを徹底的に討論し，矛盾のない筋の通っ

た結論を導く，という方法でまとめます．

　しかし，一般従業員レベルになると，必ずしも自分の意見がストレートに取り上げられたわけではないので，何がしかの不満が必ず残ります．それを,「多数決だからしかたがない」と突っぱねると，少数意見の人，反対意見の人たちの不満を助長します．この不満をできるだけ解消するには，

- このようなプロセスで意見集約しました
- こういうメンバーでこのような討議を何回やり，結論はこうなりました
- 不満があればいつでも私に言ってください
- 納得できるまで説明します

という具合に，「誠意」を伝える働きかけをします．

　「とことんまで努力してくれた」という理解が得られれば，「そこまでやってくれたのなら，しかたがない」,「自分の意見は少数意見だからやむを得ない」と納得してもらえます．誠意が伝われば，多少の不満が残ってもリーダーを信頼するようになるからです．

　小さな不満を放置すると，それが感情的なシコリになって，非協力者になりやすいので，どんな意見にも耳を傾け，誠意を持って対処する姿勢が，いつの場合も欠かせません．

ヒント10　表情を読む

　年代の違う若い人や，外国人と対話をする場合,「人には変わりはない」という前提でやれば案外うまくいきます．なぜならば，人は誰でも相手に自分のことをわかって欲しいと求め合うという本性を持っているからです．共同で何かをやる場合，気の合った人同士だとなぜかうまくいくものです．「気が合う」ということは，気を合わせるということで，お互いが，相手の性質，好き・嫌いなどを理解して，相手に合った態度を自分が示すことです．人にはそういう力が本能として備わっており，恋愛の時などには大いにその力が発揮されます．

しかし，表情から人の感情を読み取ることはむずかしいものです．「わかりました」と返事をしながら，その場を離れると「あんなことできっこない」と反発したり，つくり笑いをしながら目が批判的であったりなどは，日常経験することです．むずかしい人間関係を上手にこなすには，相手の表情を読んで，その表情から相手の感情を察知推理して，反応していく能力が必要になります．

- 苦労してやりとげたときの自己実現の笑顔
- 「ありがとう」の社交の笑顔
- わかった，理解できたという質の笑顔
- うれしくて楽しくてたまらないという笑顔

果たしてどれくらい表情から相手の感情を読み分けられるでしょうか．読み分けがたくさんできるほど，相手の今，その瞬間の感情にマッチした応答ができ，それだけ対話がスムーズに運びます．

このような相手の表情を読む力は，感性を磨くことによって能力開発されます．何事にも興味を持つ，疑問を持つ，好奇心旺盛，という生き方こそが感性を磨くことになります．感性の豊かな人とおつき合いすると，非常に心地よさを感じるのは，顔色を見ただけで，今の気持ちにふさわしい言葉を投げかけてくれるからなのです．

ヒント11　限界を見極める

「何かやってみたいことはありますか？」と聞いて，「こういうことをやってみたい」と答える部下との対話はほとんどうまくいきます．相手の考えていることや自分に求めていることがわかりやすいため，ストーリーが描きやすいか

らです．

　しかし最近は，「特にありません」と答える割合が増えてきているので，対話がむずかしくなっています．大方の人は，手を変え，品を変えやっていくと何とかなるもので，じっくり構えて，PASPASステップで対話を進めれば，どんな相手でも分かり合えるという原則を持つ必要はありますが，経営というモノサシで見た場合には，その「見極め」が大切です．

　筆者の経験から，
- 考え方が常識に凝り固まっている人
- 依怙地になってしまう人
- 知識は豊富であるが智恵が出てこない人
- 欲求をほとんど感じない人
- 批判精神が極端に強い人

というタイプは，どんなに説得しようとしても，相手の方が上手で，どうにもならない場合があります．2～3回対話を試みて，これ以上自分の力で納得させられないと判断したら，さらに上の上司にお願いしてみることです．役員クラスの力を借りないと説得できない場合も多いので，深刻に考え過ぎず，あるところで見極めてください．

　ただ，人間関係においては，「相性」というものがあり，自分にはどうにもならない相手でも，あの人とは不思議とうまくいく，というケースが結構ありますので，100％成功しなくても自信をなくさないことです．

ヒント12　一歩踏み出させる

　部下に何か新しいことにチャレンジさせようとすると，自分の知識や経験レベルの常識で判断して「それは無理だ」と言います．今までにやったことがない新しいことを成功させるためにはたくさんの失敗が必要ですが，誰でもできれば失敗したくないと思うからです．「失敗をできるだけしたくない」と考えるから行動できなくなるのだとも言えます．

このため対話を進めていくと，理論的に無理だとか，先例がない，理屈に合わないといった，「できない」という議論になりがちです．このような議論をいくら繰り返しても「惰性に流されやすい」という本性が壁になり堂堂巡りになってしまいます．したがって，こういう場合は，「どうやったらできるか」という方向に対話をリードすることがポイントになります．筆者の経験から言って，なんとなくやれそうな感じがして，議論を尽くしてそれ以上考えられなかったら，すぐに実行することをお勧めします．経験に裏打ちされた直感で「多分いけそうだな」と思うことは，まずできると思って間違いありません．

しかし部下は，未体験の分野であるため，成功までの道筋のイメージが持てないことと，失敗の見通し(失敗してもこの程度の損が出るとか，納期がこれくらい遅れるというように，どれくらいのダメージが予想されるかということ)が立てられないことから非常に不安な気持ちでいます．この部分を上手にサポートすることが2つ目のポイントです．

そのためには，まず，失敗しても責任は全部上司が引き受け，たくさん失敗させます．1つの失敗が次には経験となり，たくさんの経験が積み重なることによって，だんだん失敗を恐れないようになります．そして，自動車教習所の訓練のように，上司がそばについて，危ないと思ったらブレーキを踏める体制をとりながら，思いきって背中を押してやります．

ヒント13　交換ノートを活用する

対話の必要性も感じて，部下と対話をしようと思っても，なかなかまとまった時間を確保することはむずかしいと思います．1回や2回は何とかなっても継続して，同時並行でたくさんの部下の面倒を見ることは不可能です．

あくまでもフェイス・ツー・フェイスでの対話が基本ですが，忙しくて部下とのコミュニケーションをとる時間のない方でも簡単に対話を始める方法として，少しアレンジした「交換ノート」方式を紹介します．

対話の要領でそれぞれの部下に1冊ずつ交換ノートを持たせ，毎日次のよ

うなことを記述してもらいます．
- 本日の仕事の内容
- トラブルの内容(どんな些細なことでも)
- 困ったこと・相談したいこと

　部下は仕事を終えて，上司の机の上に交換ノートを置いてから帰宅します．
　上司は交換ノートを読んで，何の問題の見られない部下に対しても，必ず「一言コメント」を入れて翌朝返します．部下からの相談ごとに対しては，的確な返答が求められますので上司自身が鍛えられます．また，毎日顔を合わせている部下でも，仕事のやり取りのみで，案外一歩踏み込んだ交流は少ないので，交換ノートに自由に記述させると部下の本音がつかめます．
　できるだけ細かいところまで目を通して相談に乗り，意見をつけてノートを返すという地道な努力がだんだんと部下に本音を語らせていきます．したがって，
- ノートが出てこなくなったとき
- 記述内容が極端に減ってきたとき
- 記述内容に変化が出てきたとき

は，一対一で向き合っての対話が必要となります．この変化点について，じっくり時間をかけて話し合うことで，大きなトラブルを事前に防ぐことができます．部下のちょっとした変化を発見する交換ノートは継続が力なりです．ただし，部下は何か大きな悩みが出てきたときには，この交換ノートには書いてきませんので注意が必要です．

　本書を読まれたうえで，PASPAS 研修を実施され，ご質問，お問い合わせがございましたら，下記メールアドレスにご照会ください．
　　社団法人　中部産業連盟　長野コンサルティング事業部(中山・冨澤)
　　naganoc@chusanren.or.jp

［監修者紹介］

古畑 友三（こばた　ともぞう）
1933 年　福井県生まれ
1956 年　福井大学電気工学科卒業
同　年　日本電装㈱に入社し，1961 年の日本電装のデミング賞受賞までの間 QC 推進グループに所属．以降 1974 年まで電装品関係の品質保証業務を担当．1975 年よりフューエルポンプ，インジェクター，噴射ポンプ，コンプレッサーの製造業務に関係し，1980 年より燃料噴射事業部長
1986 年　京三電機㈱副社長就任
1988 年　京三電機㈱社長就任
1995 年　社長退任，同社顧問
現　在　生産経営研究所 所長

［著者紹介］

中山 賢一（なかやま　けんいち）
1946 年　長野県生まれ
1972 年　大阪工業大学工業経営学科卒業
現　在　社団法人 中部産業連盟 長野コンサルティング事業部長
　　　　執行理事・主席コンサルタント

冨澤 祐子（とみざわ　ゆうこ）
1961 年　愛知県生まれ
1982 年　名古屋市立女子短期大学卒業
現　在　社団法人 中部産業連盟 長野コンサルティング事業部 コンサルタント
　　　　E メール：naganoc@chusanren.or.jp

職場のコミュニケーションツール
パスパス
PASPAS

2004 年 6 月 30 日　第 1 刷発行

検印省略

監　修　古　畑　友　三
著　者　冨　澤　祐　子
　　　　中　山　賢　一
発行人　小　山　　　薫

発行所　株式会社 日科技連出版社
〒151-0051　東京都渋谷区千駄ケ谷 5-4-2
電話　出版　03-5379-1244
　　　営業　03-5379-1238〜9
振替口座　東京 00170-1-7309

印刷・製本　㈱中央美術研究所

Printed in Japan

Ⓒ Y.Tomizawa, K.Nakayama 2004
ISBN 4-8171-4015-1

URL http://www.juse-p.co.jp/

本質的にミスを犯しやすい人間に、あいまいな条件のまま作業をやらせるから100回に1回人為ミスが起こる。

人為ミスは100％未然防止できる！

好評発売中！

管理監督者のための人為ミス未然防止法
A-KOMIK

古畑友三[監修]　冨澤祐子・中山賢一[著]
A5判・176ページ・ISBN4-8171-4014-3

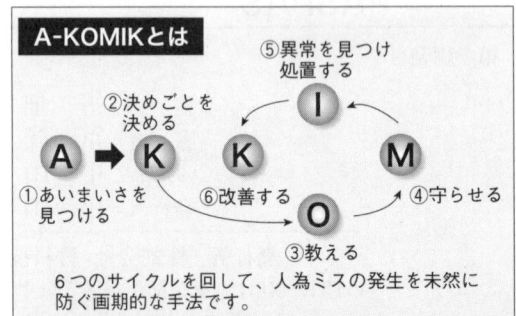

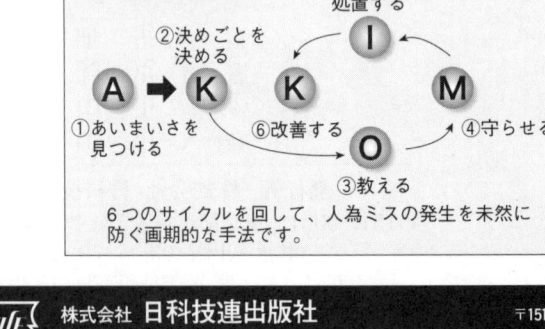

A-KOMIKとは

A → K → K → M
　　　　↑　　↓
　　　　O ←

① あいまいさを見つける
② 決めごとを決める
③ 教える
④ 守らせる
⑤ 異常を見つけ処置する
⑥ 改善する

6つのサイクルを回して、人為ミスの発生を未然に防ぐ画期的な手法です。

株式会社 日科技連出版社
ホームページ　http://www.juse-p.co.jp/
〒151-0051　東京都渋谷区千駄ヶ谷5-4-2
TEL. 03-5379-1239　FAX. 03-3356-3419